马立平课程

MLP Chinese

中 文

Grade 3
三 年 级

编写 马立平

审定 庄 因

插图 陈毅、吕莎

书　名 MLP Chinese (Grade 3)

编　者 马立平

审　定 庄　因

出版人 夏建丰

插　图 陈　毅、吕　莎

网　址 www.mlpchinese.com

版　次 1994 年 3 月第 1 版
　　　 2019 年 3 月第 18 版　 2019 年 11 月第 2 次印刷

印　刷 上海丽佳制版印刷有限公司

书　号 ISBN 978-1-940666-03-7

9 781940 666037

目录

第一单元

第二单元

第三单元

编辑说明

斯坦福大学教育学院课程设计博士 马立平

近年来，海外的中文学校发展迅速，其教材多来自国内。可是，由于海外生活环境和国内不同，海外学生的文化背景、学习方式以及学习条件也和国内不同，所以在国内编写的教材，往往不敷他们的实际需要。在此，我们把这套在美国研发、经二十多年来多轮教学实验磨砺后定稿的"海外本土化"中文教材献给大家。

这套中文教材适用对象为来自华语家庭的儿童。目前，教材包括 11 个年级（K 至 9 年级以及 AP）的课本，每个年级学习 3 个单元，配有相应的单双周练习本、暑假作业本和网络作业，可供周末中文学校使用十一年，也支持 After School 的中文教学。同时，K 至 5 年级课本配有学生用的生字卡片，K 至 9 年级课本配有可供选购的教师用词汇卡片。

多年来的实践经验证明，通过循序渐进地学习全套教材，学生们能够具备中文听、说、读、写的基本能力，能够在美国 College Board 的中文 SAT II 和 AP 考试中取得优异的成绩，并且能够顺利地通过中国国家汉办举办的 HSK 四级以上的汉语水平考试。

中华民族创造了自己的文字，也创造了学习这一文字的行之有效的方法。我们这套教材将中国语文教学的传统和现代语文教学的研究成果紧密结合。现将编辑要点说明如下：

一、拼音和汉字的关系——直接认字，后学拼音

为了先入为主地发展学生识别汉字的能力，我们在开始阶段不用拼音或注音符号，而是通过韵文直接进行汉字教学。在学了 700 个常用汉字以后，再引入汉语拼音。

语音教学由课堂教学和网络作业共同分担，成功地避免了海外学生常见的依赖拼音的弊病。

二、认字和写字的关系——先认后写，多认少写

海外少年儿童学习中文的时间十分有限。我们采用先认后写、多认少写的原则。

本教材通过各种途径，帮助学生熟练认读 2000 个左右的常用汉字，熟练书写 500 个左右的最常用汉字。以此为基础，学生能够依靠中文顺利地学习我们高年级的文化读本《中华文化之窗》和《中华文化巡礼》；也能够用中文进行基本的书面交流。

三、精读和泛读的关系——课文和阅读材料并重

考虑到海外语言环境的特点，教材采用了课文和阅读材料相互交织的结构，每篇课文都配有阅读材料数篇，纳入正式教学。这些阅读材料以中国历史故事和寓言为主要题材，用学生已经学过的汉字撰写。仅在 1 至 4 年级，就有和课文相配合的阅读材料四百来篇。

四、阅读和写作的关系——先读后写，水到渠成

语汇是写作的基础。1 至 4 年级以认字教学为主，让学生掌握大量的汉字和语汇。五年级以大篇幅的阅读巩固认字量并且引导学写段落。6、7 年级完成系统的写作教学。完成写作教学之后，学生的写作能力已经超过 AP Chinese 所要求的水平。

五、素材选择和改写的依据——求知欲、成就感、常用字先行和高频率复现

本教材中课文和阅读材料的素材来源很广，包括了大陆和台湾本土使用的各种小学课本、两岸为海外儿童编写的各种华语教材、各种中文儿童课外读物、甚至口头流传的民间故事和谜语等等。选材的依据，一是根据海外华裔儿童的兴趣和求知欲，二是注重培养学生学习中文的成就感。素材经改写后自成一个完整的中文教学体系，常用字先行，并且高频率复现。前后呼应，环环相扣。

六、重视中华文化，摈弃政治色彩

教材以海外华裔儿童的成长发展为其唯一关怀。海外的炎黄子孙，无论来自大陆、台湾，还是其他国家和地区，文化上都是同宗同源；相信七十年的两岸分隔，绝无损于五千年中华文化的源远流长。

七、汉字结构的教学

汉字的笔画、笔形、笔顺和部首是掌握汉字结构的重要手段，然而在日常生活中，笔画和部首的名称却往往是约定俗成，没有绝对统一的标准。

在本教材中：

笔画名称参照了《现代汉语词典》和《汉语》教材中的汉字笔画表，以及汉典。

笔顺介绍参照了 Cheng & Tsui Company 的《Practical Chinese Reader I & II: Writing Workbook》。

部首名称及英文翻译，参照了 Harvard University Press 出版的《Mathews' Chinese English Dictionary》和安子介先生的《解开汉字之迷》。

另外，我们使用了"表意部首（Meaning clue）"和"表音部首（Sound clue）"的概念，仅仅是为了帮助学生认记汉字，无意在汉字学上标新立异。

八、繁体字章节用字的选定

教材繁体字章节的用字，参照了《国语日报字典》、修订版《华语》、《儿童华语课本》来选定，最后由斯坦福大学亚洲语言系庄因教授审定。

九、多媒体网络作业的使用

和课文配套的多媒体网络作业，可在计算机和 iPad 上使用。在课本的封面上，可以找到相应的注册码。每周有四次作业，每次作业设计量为 20 分钟左右。每次完成作业后，会出现该次作业的"密码"，由学生登记到作业本上，交给老师核实。

十、暑假作业

为了使学生的中文学习不致在漫长的暑假里中断，本教材为各年级设计了暑假作业（每年八周，每周四次），同时提供相应的网络作业。一年级暑假作业的部分文字材料在课本里。建议各校在秋季开学时，对学生暑假作业的完成情况进行检查。

这套教材是我和夏建丰先生合力编写，其间得到许多人的支持和帮助。资深儿童画家陈毅先生、吕莎女士和邹美珍女士为教材配画了精美的插图。罗培嘉老师为作业设计了阅读检查办法。我们在此一并表示深切感谢。

马立平中文课程

全套教材 使用说明

马立平中文课程在美国经过了二十多年的中文教学研究和实践，形成了一套针对海外华裔学习中文行之有效的方法，帮助海外华裔青少年在学习中文和了解中国文化中，能够学有所成。

课程服务对象以及教学成果

马立平中文课程的服务对象主要是海外华裔青少年。其主体教学内容，可供海外周末中文学校使用；结合课后阅读以及教辅材料，也可供非周末的 After School 中文学校选用。

多年来的实践经验证明，通过循序渐进地学习马立平中文课程，学生们能够具备中文听、说、读、写的基本能力，能够在美国 College Board 的中文 SAT II 和 AP 考试中取得优异的成绩，并且能够顺利地通过中国国家汉办举办的 HSK 四级以上的汉语水平考试。

全套课程的设计结构

马立平中文课程设计了十一个年级的教学内容，分为三个主要阶段展开：

1）认字和阅读（学前班到四年级）；

2）作文和阅读（五到七年级）；

3）中华文化和 AP 考试（八到十年级）。

每个年级分册分为三个单元，按照每个单元八次授新课、一次总复习和一次考试的教学量进行设计，对应着十周的教学时间。具体教学建议，请参见各个年级分册的使用说明。

全套教材的设计结构，以及各个阶段的特点，请参见图1。

图1中每个年级包括三个单元，占据三格。

实线示意预计的学习困难程度，坡度越"陡"，表示学生可能感到难度越大；坡度越"缓"，难度越小（如学前班和一年级第一、二单元难度最低，二年级难度最大）。实线下的文字，表示该阶段的主要学习内容。

虚线示意认字数量增长的速度（一至四年级快，之后明显减缓）。

图1: 马立平中文课程 全套教材设计结构

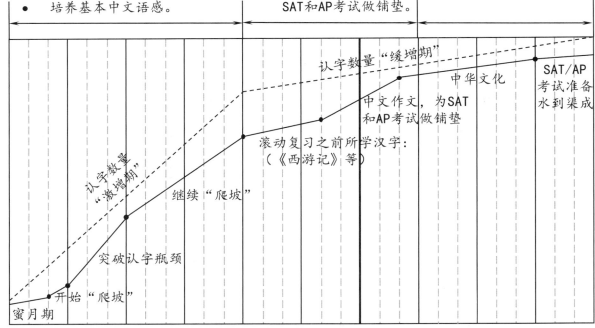

一至四年级（认字和阅读）：
- 集中学会认读近1400个中文常用字；
- 培养基本中文语感。

五至七年级（作文）：
- 复习巩固所学汉字；
- 学习中文作文，为SAT和AP考试做铺垫。

八至十年级：
- 系统了解中华文化；
- 准备SAT和AP考试。

认字数量"缓增期"

SAT/AP考试准备水到渠成

中华文化

中文作文，为SAT和AP考试做铺垫

认字数量"激增期"

滚动复习之前所学汉字：（《西游记》等）

继续"爬坡"

突破认字瓶颈

开始"爬坡"

蜜月期

一年级　二年级　三年级　四年级　五年级　六年级　七年级　八年级　九年级　十年级

图示：
实线 ——：学习难度曲线，越陡峭，难度越大。
虚线 ----：识字量增长曲线。

教学十六字诀

- **趣味引入：** 教授新课前，先要设法引起学生对课文的兴趣，调动起积极学习的情绪；
- **精讲多练：** 切忌"满堂灌"，老师要讲得恰到好处，尽量留出课堂时间给学生练习；
- **重点突出：** 认识字词和发展语感是一至四年级段的教学重点，教学中请务必注意；
- **难点分散：** 教学中要把难点分散，老师要作好相应铺垫和支持，带领学生克服难点。

需要家长关注的"三要三不要"

- **要**从小培养孩子独立认真做中文作业的好习惯，**不要**纵容心不在焉的作业习惯；
- **要**尽量多和孩子说中文，尽量创造中文环境，**不要**以为把孩子送了周末中文学校，他们的中文学习就万事大吉了；
- 遇到困难时，**要**鼓励孩子发扬"不放弃"精神，家长的态度**不要**"过硬"或"过软"。

马立平中文课程

三年级教材 使用说明

马立平中文课程的三年级教材是以课本为核心而相互配合的一个整体，其中包含：

1）课本：一本。

2）练习册：三本，分别为单周、双周和暑假练习册。

3）生字卡片：一套，包括黄色、蓝色、绿色三种字卡独立成册。

4）网络作业的注册帐号：一个，印在课本封面上。

三年级分册课本共分三个单元。第一单元前四课为汉语拼音学习。汉语拼音和英文拼读有很多相似之处，而三年级的学生已经熟练了英文拼读技能。因此，我们摆脱中国国内传统的拼音教学方法，用英文写成供学生自学的 mini-lessons 和课堂练习，帮助他们在老师的点拨下掌握汉语拼音和英文拼读不同的特点。之前，二年级的暑假作业中已经将汉语拼音预习过一遍。汉语拼音教学的目标，是让学生能够读出注了拼音的汉字，更重要的，是为了他们将来学习用拼音在电脑上输入汉字。

三年级教材的第二、三单元包括四个板块：

1）基础内容：课文、生字表以及词汇表；

2）文字与语法：介绍课文中出现的一些常用字词的用法及相关的基本语法点；

3）字形、字义、字音：通过辨析帮助学生认识汉字字形、字义、字音的关系

4）课后阅读：每周的教学，提供数篇课后阅读材料，都是用学生已经学过的字编写。极少数未学过的字，加注了拼音。从第三单元开始，阅读部分新辟了一个"温故知新"的二级板块，即每周增加一篇之前教材里出现过的比较有趣的篇目，因此，每周的阅读材料由三篇增加到四篇。

能自如地朗读阅读材料，是学习过关的主要标志。

教学进度安排建议

通常，在周末中文学校中，每个单元可以用十次周末的教学时间完成：

八次授新课，一次复习，一次考试。教学时间为每个周末一个半小时到二小时。

After School 的中文学校，可把基础内容和课后阅读相结合，每个单元分成八周授新课，一周复习和考试。每周可用四天授新课，一天复习；每天教学时间可为一小时。课本内容和教学进度分配的对应关系，参见表1、表2和表3。

表1：第一单元和教学进度分配的对应关系

第一单元	课文	课后阅读		
第1周	一、拼音（音调、声母、单韵母）	斧子和皮大衣	借笔	爬到屋顶上去
第2周	二、拼音（复韵母之一）	夸孩子		萤火虫找朋友
第3周	三、拼音（复韵母之二）	盘古开天地	画蛇添足	还好没有抓住鼻子
第4周	四、拼音（鼻韵母）	夸父追日		小河流呀流
第5周	五、称象	盲人摸象		称鼻子
第6周	六、锯是怎样发明的	曾子杀猪		汤的汤
第7周	七、狐假虎威	狐狸请客		三个和尚没水喝
第8周	八、小马过河	谁也骗不了我		女娲补天
第9周	总复习			
第10周	考试			

表2：第二单元和教学进度分配的对应关系

第二单元	课文	课后阅读		
第1周	一、公鸡蛋	女娲造人	叶公好龙	让水流走
第2周		狐狸分饼	能干的猫和母鸡	钱包的用处
第3周	二、穷和尚和富和尚	太阳山	斧头和锯子	第三个包子
第4周		阿凡提借锅	曹冲救人（上、下）	
第5周	三、要是你在野外迷了路	自己害自己	方向不对	蘑菇长在哪里
第6周	四、找骆驼	青蛙搬家	瞎子和跛子	什么叫做丢了东西
第7周	五、岳飞学写字	猴子学样（上、下）		"一"字长大了
第8周		后羿射日（上、下）		五十步笑百步
第9周	总复习			
第10周	考试			

表3：第三单元和教学进度分配的对应关系

第三单元	课文	课后阅读			温故知新
第1周	一、光阴一去不复返	我有两颗心	勇敢的心	借钥匙	一粒种子
第2周		太阳神炎帝（上、下）		爱惜雨伞 小闹钟	猴子和桃子
第3周	二、爸爸的老师	时间老人的好办法	青蛙和牛	太阳和彩虹	捞月亮
第4周		西瓜在哪里	小花猫找汗	站起来跑得更快	小蝌蚪找妈妈
第5周	三、等一会儿再说	蚊子、狮子和蜘蛛	金银盾	前面也在下雨	小蝌蚪找妈妈
第6周	四、让我们荡起双桨	会动脑筋的孩子	自相矛盾	比光明	美丽的公鸡
第7周	五、愚公移山	精卫填海	挤奶姑娘	下雨天	井底的青蛙
第8周		折筷子的故事	香味和声音	蜗牛的家	葡萄是酸的
第9周	总复习				
第10周	考试				

马立平课程

中　文

三　年　级
第一单元

编写　马立平

审定　庄　因

插图　陈　毅

一、A Journey of Teaching Yourself Pinyin —— Part One

Dear students, in the next four weeks we are going to learn to spell Chinese sounds with letters using Pinyin（拼音）. Since we have already learned many Chinese characters, we can teach ourselves. Using some characters we already know, we will be able to figure most of it out!

While many English words have multiple syllables, all Chinese characters only have one syllable. We'll learn how to describe a syllable in Pinyin. We spell words in English and we spell syllables in Pinyin.

Mini-lesson 1: The three parts of a Chinese syllable

Most Chinese syllables are made of three parts:
1) initial (≈ consonant);　2) final (≈ vowel);　and 3) tone (the part we don't have in English.)

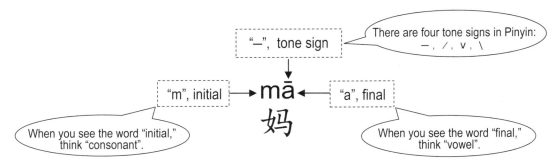

"—", tone sign

There are four tone signs in Pinyin: ˉ , ╱ , ˇ , ╲

"m", initial ⟶ mā 妈 ⟵ "a", final

When you see the word "initial," think "consonant".

When you see the word "final," think "vowel".

Some Chinese syllables, such as 阿 (ā) etc., have only two parts – final and tone.

Mini-lesson 2: The tones of Chinese syllables and the simple final *a*

We have tones in Chinese, unlike in English. In Chinese, there are four normal tones and one special tone. If you carefully study the following five groups of Chinese characters, you will be able to figure out what these tones sound like. You will also see how to pronounce "a" in Pinyin.

mā 妈	bā 巴	lā 拉	tā 他	⟶	First tone " ˉ ":	What does it sound like?
					Final "a" :	What does it sound like?
má 麻	pá 爬	ná 拿	dá 答	⟶	Second tone " ´ ":	What does it sound like?
mǎ 马	bǎ 把	nǎ 哪	dǎ 打	⟶	Third tone " ˇ ":	What does it sound like?
mà 骂	pà 怕	nà 那	dà 大	⟶	Fourth tone " ` ":	What does it sound like?
ma 吗	ba 吧	la 啦	a 啊	⟶	Soft tone (no sign) :	What does it sound like?

In English the same vowel may sound different in different words. In Chinese, a simple final always sounds the same with only two exceptions. Through previous study you may have learned that "a" sounds like the "a" in "father." Please carefully study the following groups of Chinese characters. You'll see:

1) how to pronounce the letters *o, e, i,* and *u* in Pinyin as simple finals; and

2) how to pronounce letters *j, q,* and *x* as initials.

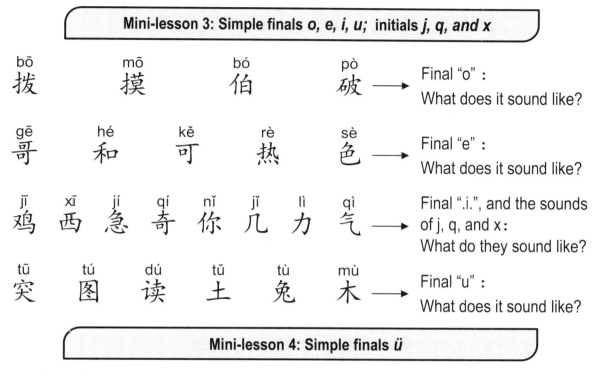

Mini-lesson 3: Simple finals *o, e, i, u;* initials *j, q, and x*

| bō 拨 | mō 摸 | bó 伯 | pò 破 | → Final "o" : What does it sound like? |

| gē 哥 | hé 和 | kě 可 | rè 热 | sè 色 | → Final "e" : What does it sound like? |

| jī 鸡 | xī 西 | jí 急 | qí 奇 | nǐ 你 | jǐ 几 | lì 力 | qì 气 | → Final "i", and the sounds of j, q, and x: What do they sound like? |

| tū 突 | tú 图 | dú 读 | tǔ 土 | tù 兔 | mù 木 | → Final "u" : What does it sound like? |

Mini-lesson 4: Simple finals *ü*

Do you know how to say "fish" in Chinese? Do you know how to say "rain" in Chinese? The sounds of "鱼" and "雨" are the second and third tones of the final "ü."

ǖ ǘ ǚ ǜ

nǚ 女   lǜ 绿

The six simple finals in Pinyin in their four tones

ā á ǎ à   ō ó ǒ ò

ē é ě è   ī í ǐ ì

ū ú ǔ ù   ǖ ǘ ǚ ǜ

---

* On the keyboard, people usually type "v" when they need to type "ü."

Mini-lesson 5: Initials *z, c, zh, ch,* and *sh*

We have seen that in Pinyin the initial letters *j, q,* and *x* sound very different from the same letters in English. So do five other initials: *z, c, zh, ch, sh*.

z is the initial of characters such as 子，自，在，做。 What does it sound like?

c is the initial of characters such as 次，草，从，藏。 What does it sound like?

There are three Pinyin initials which are made of two letters. They are *zh, ch* and *sh*:

zh is the initial of characters such as 知，中，找，这。 What does it sound like? Can you tell the difference between "zh" and "j"?

ch is the initial of characters such as 吃，虫，出，吹。 What does it sound like? Can you tell the difference between "ch" and "q"?

sh is the initial of characters such as 十，水，上，说。 What does it sound like? Can you tell the difference between "sh" and "x"?

We don't have to learn or memorize the names of all the Pinyin initials, only those of the eight that sound different from English. Pronounce the following in the first tone:

j（鸡）；*q*（七）；*x*（西）；*z*（as 子 in first tone）；*c*（as 次 in first tone）；

zh（知）；*ch*（吃）；*sh*（as 十 in first tone）。

Mini-lesson 6: Two exceptions of pinyin simple finals

Now let's take a look at the two exceptions where the pronunciation of a simple final can change depending on the initial before it. First, please study the following groups of characters, and figure out what the final "i" sounds like when it goes after the initials z, c, s, r, zh, ch and sh:

zǐ	zì	zì	cì	cǐ	cí	sì	sǐ	sī	rì
子	自	字	次	此	词	四	死	思	日

zhī	zhī	zhí	chī	chì	chí	shí	shì	shī
只	知	直	吃	翅	池	十	是	诗

As you may have noticed, when "i" comes after z, c, s, r, zh, ch, and sh, it doesn't have a sound at all. It is only there to carry the tone sign.

For the second exception, study the following characters, and figure out what the final "u" sounds like when it goes after the initials j, q, and x:

jǔ	jù		qù	qù	xǔ
举	句		去	趣	许

In fact, the letter "u" that comes after j, q, and x is not the real final "u", but "ü" without the two dots. There are no syllables that sound like real final "u" after j, q, and x. So, we can skip the two dots on an "ü" that goes after j, q, and x without causing confusion.

Table 1 Pinyin syllables in mini-lesson 1-6

There are 287 Pinyin syllables in the following table. Can you pronounce all of them? Please discuss with your classmates: what happened to the blank boxes? Why are some syllables underlined?

	ā	á	ǎ	à	ō	ó	ǒ	ò	ē	é	ě	è	ī	í	ǐ	i	ū	ú	ǔ	ù	ǖ	ǘ	ǚ	ǜ	
																									24
b	bā	bá	bǎ	bà	bō	bó	bǒ	bò					bī	bí	bǐ	bi	bū	bú	bǔ	bù					16
p	pā	pá		pà	pō	pó	pǒ	pò					pī	pí	pǐ	pi	pu	pú	pǔ	pù					14
m	mā	má	mǎ	mà	mō	mó	mǒ	mò					mī	mí	mǐ	mi		mú	mǔ	mù					15
f	fā	fá	fǎ	fà		fó											fū	fú	fǔ	fù					9
d	dā	dá	dǎ	dà						dé			dī	dí	dǐ	di	dū	dú	dǔ	dù					13
t	tā		tǎ	tà								tè	tī	tí	tǐ	ti	tū	tú	tǔ	tù					12
n	nā	ná	nǎ	nà						né		nè	nī	ní	nǐ	ni		nú	nǔ	nù			nǚ	nǜ	15
l	lā	lá	lǎ	là					lē			lè	lī	lí	lǐ	li	lū	lú	lǔ	lù		lǘ	lǚ	lǜ	17
g	gā	gá	gǎ	gà					gē	gé	gě	ge					gū	gú	gǔ	gù					12
k	kā		kǎ	kà					kē	ké	kě	ke					kū	kú	kǔ	kù					9
h	hā	há	hǎ	hà					hē	hé	hě	hè					hū	hú	hǔ	hù					11
j													jī	jí	jǐ	ji					jū	jú	jǔ	jù	8
q													qī	qí	qǐ	qi					qū	qú	qǔ	qù	8
x													xī	xí	xǐ	xi					xū	xú	xǔ	xù	8
z	zā	zá	zǎ	zà						zé		zè	zī	zí	zǐ	zi	zū	zú	zǔ	zù					11
c	cā		cǎ	cà								cè	cī	cí	cǐ	ci	cū	cú	cǔ	cù					10
s	sā		sǎ	sà								sè	sī	sí	sǐ	si	sū	sú	sǔ	sù					10
r											rě	rè		rí	rǐ	ri		rú	rǔ	rù					6
zh	zhā	zhá	zhǎ	zhà					zhē	zhé	zhě	zhe	zhī	zhí	zhǐ	zhi	zhū	zhú	zhǔ	zhù					16
ch	chā	chá	chǎ	chà					chē		chě	chè	chī	chí	chǐ	chi	chū	chú	chǔ	chù					15
sh	shā	shá	shǎ	shà					shē	shé	shě	she	shī	shí	shǐ	shi	shū	shú	shǔ	shù					16
y*													yī	yí	yǐ	yi					yū	yú	yǔ	yù	8
w*																	wū	wú	wǔ	wù					4

* When spelling a character, the simple finals i, u, and ü can't stand alone, but have to follow another leading letter. i=yi, u=wu, and ü=yu.

Spell

and

Read

 a

wǒ nǐ tā　　shì wá wa
我你他，是娃娃，

dú zì mǔ　　lè hā hā
读字母，乐哈哈。

a o e , i u ü ,

wǒ nǐ tā　　bù dǎ mà
我你他，不打骂。

 o

pó po bó bo
婆婆伯伯，

lā chē mó mò
拉车磨磨。

bó bo lā chē
伯伯拉车，

pó po mó mò
婆婆磨磨。

 e

zhū gē ge　　dú ér gē
猪哥哥，读儿歌，

d t n l g k h ,

é mā ma　　lè hē hē
鹅妈妈，乐呵呵，

yí bù yì gē
一步一歌 é é é 。

i

mǔ jī hé xiǎo jī
母鸡和小鸡，

chī mǐ shǔ dì yī
吃米数第一，

gē gē gē　　jī jī jī
咯咯咯，叽叽叽，

yí cì chī le wǔ bǎ mǐ
一次吃了五把米。

s & sh

shí sì hé sì shí
十四和四十

sì shì sì
四是四，

shí shì shí
十是十，

shí sì shì shí sì
十四是十四，

sì shí shì sì shí
四十是四十。

　　　　　　sì
要想说对四，

shé　　　　chǐ
舌头碰牙齿。

　　　　　　shí
要想说对十，

shé　　　zhí
舌头别伸直。

谁能读得准，

　　　shì yí shì
请来试一试。

 u

tù zi dǎ gǔ dū dū dū
兔子打鼓嘟嘟嘟，

dǎ pò dà gǔ wū wū kū
打破大鼓呜呜哭，

bù kū　　bù kū
不哭，不哭，

mā ma ná bù bǔ pò gǔ
妈妈拿布补破鼓。

ü

lā dà jù　　chě dà jù
拉大锯，扯大锯。

wǒ hé bà ba dì lǐ qù
我和爸爸地里去。

jú zi yā lí gè gè dà
橘子鸭梨个个大，

yù mǐ mài zi kē kē lǜ
玉米麦子棵棵绿。

* Please see page 48 for the new characters introduced in the above rhymes。

斧子和皮大衣
fǔ

　　一个冬天的早晨，风哥哥红鼻子和风弟弟蓝鼻子在外面散步。天很冷，人们都还在家里睡大觉呢。突然，他们看见路上来了两个人。一个人坐在马车上，身上穿着一件新的皮大衣。另一个人走在路上，身上没穿多少衣服，手里拿着一把旧斧子。红鼻子哥哥低声问蓝鼻子弟弟："你说，斧子和皮大衣，哪一个暖和？"
nuǎn huo

　　弟弟回答："那还用问吗？当然是皮大衣暖和。"哥哥说："让我们来试一试，看看到底哪个暖和。"

　　红鼻子和蓝鼻子一起用力吹呀吹。不久，路边的水就变成了冰。坐在车上的人用皮大衣把自己包起来，可是，他还是觉得越来越冷。最后，他在车上再也坐不住，只好下车，躲进路旁的小屋里去了。

　　那个拿斧子的人呢，大风刚开始吹起来的时候，他觉得身上有点冷。他走到路边，挺了挺身子，举起斧子，用力砍起树来。
kǎn
他砍啊砍啊，越砍越热，身上出汗了。最后，他把外衣也脱了。

　　蓝鼻子吹累了，只好停下来休息。红鼻子拍了拍弟弟，得意地说："老弟啊，你还年轻，知道的事儿还不多。看见了吧，
nián qīng
斧子比皮大衣要暖和得多！"

新字新词：	斧子(axe) fǔ	暖和(warm) nuǎn huo	砍(to chop) kǎn	年轻(young) nián qīng

借笔

放学了，弟弟和姐姐一起画画。弟弟画着画着，突然对姐姐说：“姐姐，请把你的笔借给我用一用好吗？”

姐姐问：“你为什么要借我的笔呢？你不是一直很喜欢你自己的笔吗？”

“我喜欢我的笔，是因为它很漂亮。可是，可是……”弟弟停了停才说：“可是，漂亮又有什么用呢？它一点也不听我的话！我叫它画什么，它总是画不好，还常常画错。姐姐的画画得这么好，你的笔一定是一支听话的笔，你叫它画什么它就画什么，叫它画多好就画多好，不是吗？”

> 新字新词：借　总是

爬到屋顶上去

天黑了，一个孩子举着长长的竹竿（zhú gān），在院子里跳来跳去，爸爸走来看见了，奇怪地问："咦，儿子，你在那里干什么？"

儿子说："爸爸，您看，满天都是亮闪闪的星星，我想打几颗下来挂在家里，可怎么也打不着。"

爸爸听了，摇了摇头说："傻孩子，你站在地上，怎么能打得着星星呢？不信，你爬到屋顶上去，站得高一点，不就打得着了吗？"

谜 语

一个小孩，

又细又白。

人家小孩越长越高，

这个小孩越长越矮。

二、 A Journey of Teaching Yourself Pinyin —— Part Two

In Pinyin there are thirty-ish "compound finals" with more than one letter. In this lesson we are going to learn nine basic compound finals with two letters each.

When the sounds i, u, and ü are at the beginning of a word, they are spelled y, w, and yu.

Mini-lesson 7: compound finals *ao*, *ai*, and *ia*

māo	gāo	máo	táo	hǎo	shǎo	dào	gào	
猫	高	毛	逃	好	少	到	告	⟶ ***ao:*** āo áo ǎo ào

pāi	zhāi	bái	lái	ǎi	zhǎi	ài	cài	
拍	摘	白	来	矮	窄	爱	菜	⟶ ***ai:*** āi ái ǎi ài

jiā	jiā	yā	yá		jiǎ	xià	
家	加	鸭	牙		假	下	⟶ ***ia:*** iā iá iǎ ià

Mini-lesson 8: compound finals *ei*, *ie* and *üe*

fēi	hēi	méi	méi	měi	měi	lèi	lèi	
飞	黑	没	眉	美	每	泪	累	⟶ ***ei :*** ēi éi ěi èi

jiē	xiē	qié	xié	jiě	xiě	jiè	xiè	
接	些	茄 (eggplant)	鞋 (shoe)	姐	写	借	谢	⟶ ***ie :*** iē ié iě iè

xué	xuě	jué	què	yuè	yuè		
学	雪	觉	却	月	越		⟶ ***üe :*** üē üé üě üè

Mini-lesson 9: compound finals *ua*, *uo*, and *ou*

guā	huā	wā	wá	guà	huà	
瓜	花	蛙	娃	挂	画	⟶ ***ua:*** uā uá uǎ uà

duō	zhuō	shuō	luò	tuó	huǒ	guò	cuò	
多	捉	说	骆	驼	火	过	错	⟶ ***uo:*** uō uó uǒ uò

shōu	gōu	tóu	hóu	shǒu	zǒu	hòu	dòu	
收	沟	头	猴	手	走	后	豆	⟶ ***ou:*** ōu óu ǒu òu

Table 2：Mini-lesson 7 Pinyin syllables

There are 138 Pinyin syllables in the following table. Can you pronounce all of them? Did you find a row with no syllables at all? What happened to that row, and to the other blank boxes ?

	āo	áo	ǎo	ào	āi	ái	ǎi	ài	iā	iá	iǎ	ià	12
b	bāo	báo	bǎo	bào	bāi	bái	bǎi	bài					8
p	pāo	páo	pǎo	pào	pāi	pái	pǎi	pài					8
m	māo	máo	mǎo	mào		mái	mǎi	mài					8
f													0
d	dāo		dǎo	dào	dāi		dǎi	dài			diǎ		7
t	tāo	táo	tǎo	tào	tāi	tái	tǎi	tài					8
n	nāo	náo	nǎo	nào			nǎi	nài					6
l	lāo	láo	lǎo	lào		lái		lài			liǎ		7
g	gāo		gǎo	gào	gāi		gǎi	gài					6
k	kāo		kǎo	kào	kāi		kǎi	kài					6
h	hāo	háo	hǎo	hào	hāi	hái	hǎi	hài					8
j									jiā	jiá	jiǎ	jià	4
q									qiā		qiǎ	qià	3
x									xiā	xiá		xià	3
z	zāo	záo	zǎo	zào	zāi		zǎi	zài					7
c	cāo	cáo	cǎo		cāi	cái	cǎi	cài					7
s	sāo		sǎo	sào	sāi			sài					5
r		ráo	rǎo	rào									3
zh	zhāo	zháo	zhǎo	zhào	zhāi	zhái	zhǎi	zhài					8
ch	chāo	cháo	chǎo	chào	chāi	chái		chài					7
sh	shāo	sháo	shǎo	shào	shāi		shǎi	shài					7

课 文 第二周

Table 3： Mini-lesson 8 Pinyin syllables

There are 80 Pinyin syllables in the following table. Can you pronounce all of them? Find how many "blank" rows there are in the table. Discuss with your classmates: why did the textbook author choose to display these blank rows in the table?

	ēi	éi	ěi	èi	iē	ié	iě	iè	üē	üé	üě	üè	12
b	bēi		běi	bèi	biē	bié	biě	biè					7
p	pēi	péi		pèi	piē		piě						5
m		méi	měi	mèi	miē			miè					5
f	fēi	féi	fěi	fèi									4
d			děi		diē	dié							3
t					tiē		tiě	tiè					3
n			něi	nèi	niē			niè				nüè	5
l	lēi	léi	lěi	lèi	liē	lié	liě	liè				lüè	9
g			gěi										1
k													0
h	hēi												1
j					jiē	jié	jiě	jiè	juē	jué		juè	7
q					qiē	qié	qiě	qiè	quē	qué		què	7
x					xiē	xié	xiě	xiè	xuē	xué	xuě	xuè	8
z		zéi											1
c													0
s													0
r													0
zh				zhèi									1
ch													0
sh		shéi											1

Table 4： Mini-lesson 9 Pinyin syllables

There are 113 Pinyin syllables in the following table. Can you pronounce all of them?
How many initials are there in the table that can't go with the finals "ua", "uo", and "ou"?

	uā	uá	uǎ	uà	uō	uó	uǒ	uò	ōu	óu	ǒu	òu	12
b													0
p									pōu	póu	pǒu		3
m									mōu	móu	mǒu		3
f													0
d					duō	duó	duǒ	duò	dōu		dǒu	dòu	7
t					tuō	tuó	tuǒ	tuò	tōu	tóu		tòu	7
n						nuó		nuò				nòu	3
l					luō	luó	luǒ	luò	lōu	lóu	lǒu	lòu	8
g	guā		guǎ	guà	guō	guó	guǒ	guò	gōu		gǒu	gòu	10
k	kuā		kuǎ	kuà				kuò	kōu		kǒu	kòu	7
h	huā	huá		huà	huō	huó	huǒ	huò		hóu	hǒu	hòu	10
j													0
q													0
x													0
z					zuō	zuó	zuǒ	zuò	zōu		zǒu	zòu	7
c					cuō	cuó	cuǒ	cuò				còu	5
s					suō		suǒ	suò	sōu		sǒu	sòu	6
r								ruò		róu		ròu	3
zh	zhuā		zhuǎ		zhuō	zhuó			zhōu	zhóu	zhǒu	zhòu	8
ch					chuō			chuò	chōu	chóu	chǒu	chòu	6
sh	shuā		shuǎ	shuà	shuō			shuò	shōu	shóu	shǒu	shòu	8

* When spelling a character, the simple finals i, u, and ü can't come as the first letter, but have to transform into

other letters: i into y, u into w, and ü into yu. For example 牙(yá)，叶(yè)，蛙(wā)，我(wǒ)，月(yuè)。

Spell and Read

nǎi nai qù mǎi cài
奶奶去买菜，

mèi mei yì qǐ lái
妹妹一起来，

mǎi le bō cài hé bái cài
买了菠菜和白菜，

hái mǎi zǐ cài hé hǎi dài
还买紫菜和海带，

mèi mei hé nǎi nai
妹妹和奶奶，

yì qǐ bǎ cài tái
一起把菜抬。

ai

---

péng luò xià yì zhī guā
棚上落下一只瓜，

dǎ zháo dì wá wa
打着地上小娃娃。

wá wa jiào mā ma
娃娃叫妈妈，

mā ma bào wá wa
妈妈抱娃娃。

wá wa hé mā ma
娃娃和妈妈，

yì qǐ shí guā gua
一起拾瓜瓜。

ia

uo

ua

---

hóu zi qù zhāi táo
猴子去摘桃，

bēi zhe dà shū bāo
背着大书包，

yí lù zǒu yí lù pǎo
一路走，一路跑，

zhāi táo zi chī ge bǎo
摘桃子，吃个饱。

ao

---

yì zhī gǒu wǔ zhī hóu
一只狗，五只猴，

wǔ zhī hóu zi yì zhī gǒu
五只猴子一只狗。

hóu dǎ gǒu gǒu mà hóu
猴打狗，狗骂猴，

chǎo nào dǎ pò tóu
吵吵闹闹打破头。

ou

---

ei

wū yā zài hēi zhū bèi shuō hēi zhū hēi
乌鸦在黑猪背上说黑猪黑，

hēi zhū shuō wū yā bǐ hēi zhū hái yào hēi
黑猪说乌鸦比黑猪还要黑，

wū yā shuō tā hēi zuǐ bù hēi
乌鸦说它身黑嘴不黑，

hēi zhū le xiào de hēi hēi hēi
黑猪听了笑得嘿嘿嘿。

---

ie

yī xié
穿新衣，穿新鞋，

dà duì zi xiě
大红对子门上写，

bō lí tiē huā
玻璃上面贴窗花，

xǐ qì guò jié
喜气洋洋过春节。

---

* Please see page 48 for the new characters introduced in the above rhymes。

夸^{kuā}孩子

　　树林里有一棵大树，大树上住着三家鸟儿。一家是黄鹂^{lí}，一家是喜鹊^{què}，还有一家是乌鸦。一大早，年轻的小鸟都飞出去了，只有年老的鸟妈妈留在家里，她们都年纪大了，飞不动了。中午的时候，小喜鹊飞回来了，她站在树枝上梳理^{shū lǐ}着自己的羽毛。小黄鹂也回来了，她拍拍翅膀，站在树枝上唱歌。喜鹊妈妈说："嘿，你们瞧，我的女儿多漂亮！整个树林里，谁也比不上！"黄鹂妈妈听了，心里有点不高兴了。她眨了眨眼睛，说道："我的女儿也不差！她唱起歌来，谁都爱听！"只有乌鸦妈妈静静地在旁边，一句话也不说。

　　过了一会儿，喜鹊妈妈觉得有点饿了，说："女儿啊，妈妈饿了，快去给我捉条虫子来吃吧！""你没看见我正在梳理羽毛吗？我哪里有空^{kòng}去抓^{zhuā}虫！"小喜鹊不高兴地说。

　　黄鹂妈妈也饿了，说："女儿啊，妈妈饿了，去给我捉条虫子来吃吧！""你没听见我正在唱歌吗？我可没空去抓虫！"小黄鹂也不高兴地说。

　　正在这时候，小乌鸦飞回来了。她叼着一条大大的毛毛虫，送到老乌鸦嘴里，说："妈妈，您先慢慢吃着，吃饱了，我再去找水给您喝。"老乌鸦吃着虫子，心想："我的女儿有多好，我自己心里最明白了。"

新字新词：	夸^{kuā}(to praise)	梳理^{shū lǐ}(to comb)	空^{kòng}(spare time)

萤火虫找朋友

　　夏天的晚上，萤火虫提着蓝色的小灯笼，到处飞来飞去。它在干什么呀？它在找朋友。是啊，大家都有朋友，有好多朋友。可是萤火虫连一个朋友都没有。跟好多朋友在一起玩，多快活呀！萤火虫也想要朋友。它就提着小灯笼，到处找。

　　萤火虫听到草里有响声。它用小灯笼一照，看见一只小蝈蝈。小蝈蝈急急忙忙，一直往前跳。萤火虫就叫："小蝈蝈！小蝈蝈！你愿意做我的朋友吗？"小蝈蝈说："我愿意。"萤火虫高兴地说："那你就跟我一起玩吧！"小蝈蝈说："好的，一会儿我就跟你玩。现在，我要去找小弟弟。小弟弟真淘气，天黑了还不回家，妈妈让我去找他。你来得正好，帮我照照路吧！"萤火虫说："我可不能给你照路，我要去找朋友！"说完就提着灯笼飞走了。

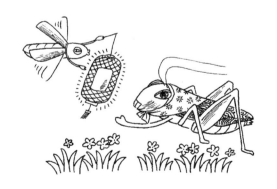

新字新词：萤火虫(firefly)　灯笼(lantern)

　　萤火虫飞呀飞，又听到草里有响声。它用小灯笼一照，看见一只小蚂蚁。小蚂蚁背着一个大口袋，一直往前跑。萤火虫就叫："小蚂蚁！小蚂蚁！你愿意做我的朋友吗？"小蚂蚁说："我愿意。"萤火虫高兴地说："那你就跟我一起玩吧！"小蚂蚁说："好的，一会儿我就跟你玩。现在，我要把东西送回家去。我迷路了，你来得正好，帮我照照路吧！"萤火虫说："我可不能给你照路，我要去找朋友！"说完就提着灯笼飞走了。

　　夏天的晚上，萤火虫提着蓝色的小灯笼，到处飞来飞去。它在干什么呀？它在找朋友。还没有找到吗？还没有。

　　聪明的小朋友，你们都知道怎样才能找到朋友，你们快告诉萤火虫吧！要不，它老是提着灯笼飞来飞去，多累呀！

___

谜 语

一个胖小孩，
坐着起不来，
不怕北^{běi}风吹，
只怕太阳晒^{shài}。

谜底：雪人

三、A Journey of Teaching Yourself Pinyin —— Part Three

Mini-lesson 10: compound finals *iao, ui(uei),* and *iu(iou)*

Last time we learned the nine basic compound finals with two letters each – *ao, ai, ia, ei, ie, üe, ou, ua, uo, ou*. Some of them can form new compound finals by adding another simple final in front. For example, i + ao = *iao*, u + ai = *uai*, u + ei = *uei*, and i + ou = *iou*.

However, the compound finals *uei* and *iou* are written in unusual ways.

uei is written as *ui* when it goes after an initial, or as *wei* when it is by itself.

iou is written as *iu* when it goes after an initial, or as *you* when it is by itself.

By skipping the middle *e* and *o* when it is possible, we make the spellings a little shorter.

jiāo	piāo	qiáo	tiáo	niǎo	jiǎo	jiào	diào	
浇	飘	桥	条	鸟	脚	叫	掉	⟶ ***iao :*** *iāo* *iáo* *iǎo* *iào*
		(bridge)						

shuāi	guāi	wāi	shuǎi	huài	kuài	guài	wài	
摔	乖	歪	甩	坏	快	怪	外	⟶ ***uai :*** *uāi* *uái* *uǎi* *uài*
(fall)	(be good)	(crooked)		(bad)				

cuī	huī	shuí	huí	shuǐ	tuǐ	huì	shuì	
催	灰	谁	回	水	腿	会	睡	⟶ ***ui (uei) :*** *uī* *uí* *uǐ* *uì*

diū	qiū	niú	qiú	jiǔ	yǒu	jiù	yòu	
丢	秋	牛	球	九	有	就	又	⟶ ***iu (iou) :*** *iū* *iú* *iǔ* *iù*

Mini-lesson 11: the special final *er*

In Pinyin there is a special final: *er*. It always appears alone, never with any initial. The three characters with final *er* that we have learned are:

ér   ěr   èr
儿，耳，二 ⟶ ***er :*** *ēr* *ér* *ěr* *èr*

Mini-lesson 12: Rules for where to place a tone sign

1. The tone sign can only be put above the simple finals *a, o, e, i, u,* and *ü*.

2. The tone sign should be placed on the final that comes first in the order: *a, o, e, i, u, ü*.

3. In the compound finals *ui* and *iu*, the skipped middle letters *e* and *o* are supposed to carry the tone sign. Since they are skipped, the tone sign goes to the next letter, the *i* in *ui* and the *u* in *iu*.

Pronounce the following finals and pay attention to where the tone signs are placed:

fā bó gě qì tū lú nǎo dài shōu péi jiǎ qiè xiāo chuí jiǔ èr

Table 5：Pinyin syllables in mini-lesson 10

There are 140 Pinyin syllables in the following table. Can you pronounce all of them ?
Discuss with your classmates:

1) Why do we write the "iou" sound as "iu", and the "uei" sound as "ui"?

2) When should we write "iao" as "yao", "uai" as "wai", "iu" as "you", and "ui" as "wei"?

	iāo	iáo	iǎo	iào	uāi	uái	uǎi	uài	iū (ioū)	iú (ioú)	iǔ (ioǔ)	iù (ioù)	uī (ueī)	uí (ueí)	uǐ (ueǐ)	uì (ueì)	16
b	biāo		biǎo	biào													3
p	piāo	piáo	piǎo	piào													4
m	miāo	miáo	miǎo	miào								miù					5
f																	0
d	diāo		diǎo	diào					diū				duī			duì	6
t	tiāo	tiáo	tiǎo	tiào									tuī	tuí	tuǐ	tuì	8
n			niǎo	niào					niū	niú	niǔ	niù					6
l	liāo	liáo	liǎo	liào					liū	liú	liǔ	liù					8
g					guāi		guǎi	guài					guī		guǐ	guì	6
k						kuái	kuǎi	kuài					kuī	kuí	kuǐ	kuì	6
h						huái		huài					huī	huí	huǐ	huì	6
j	jiāo	jiáo	jiǎo	jiào					jiū		jiǔ	jiù					7
q	qiāo	qiáo	qiǎo	qiào					qiū	qiú	qiǔ						7
x	xiāo	xiáo	xiǎo	xiào					xiū		xiǔ	xiù					7
z													zuī		zuǐ	zuì	3
c													cuī	cuí	cuǐ	cuì	4
s													suī	suí	suǐ	suì	4
r														ruí	ruǐ	ruì	3
zh					zhuāi		zhuǎi	zhuài					zhuī			zhuì	5
ch					chuāi		chuǎi	chuài					chuī	chuí			5
sh					shuāi		shuǎi	shuài						shuí	shuǐ	shuì	6
y	yāo	yáo	yǎo	yào					yōu	yóu	yǒu	yòu					8
w					wāi		wǎi	wài					wēi	wéi	wěi	wèi	7

Spell and Read

qiáo qiáo guò qiáo zhǎo sǎo sao
巧巧过桥找嫂嫂，

xiáo xiǎo guò qiáo zhǎo lǎo lao
小小过桥找姥姥。

qiáo qiǎo zài qiáo shàng pèng jiàn le xiáo xiǎo
巧巧在桥上碰见了小小，

xiáo xiǎo jiào qiáo qiǎo yì qǐ qù zhǎo lǎo lao
小小叫巧巧一起去找姥姥，

qiáo qiǎo jiào xiáo xiǎo yì qǐ qù zhǎo sǎo sao
巧巧叫小小一起去找嫂嫂。

xiáo xiǎo hé qiáo qiǎo tóng qù zhǎo lǎo lao hé sǎo sao
小小和巧巧同去找姥姥和嫂嫂。

iao

ui (uei)

xiǎo tiáo pí   zuò xí tí
小调皮，做习题，

xí tí   huà xiǎo niǎo
习题难，画小鸟。

xiǎo niǎo fēi   huà wū guī
小鸟飞，画乌龟。

wū guī pá   huà xiǎo niú
乌龟爬，画小牛。

xiǎo niú jiào   xià yí tiào
小牛叫，吓一跳！

iu (iou)

A preview of next lesson

Please read the following English words and note how the letters **an** sound in them:

fan, man, van, and, land, sand, fan, man, van.

In Chinese, there is a final that is spelled "an", but sounds very different from the English "an:"

sān   shān   lán   nán   shǎn   mǎn   kàn   màn
三， 山， 蓝， 难， 闪， 满 ， 看， 慢

How does the Chinese "an" sound? Describe the difference from the English "an" to your friends.

* Please see page 48 for the new characters introduced in the above rhymes。

盘古开天地
（pán gǔ）

　　听说在很久很久以前，天和地都连在一起，圆圆的，像一个大鸡蛋（dàn）。这"鸡蛋"里有一个人，名字叫盘古。盘古在"鸡蛋"里面，觉得很不舒服。他想，让我快点长大，来把这蛋打开吧。盘古长得很快，他的力气也很大。盘古长啊长啊，等到大鸡蛋里装不下他的时候，他就用力一顶。"轰"的一声，大鸡蛋分成了两半（bàn）。他头上的那一半就是天，脚下的那一半就是地。这一下，盘古长得更快了。他就这样，顶着天，踩着地，一天一天地长，一直长了一万八千年。

　　盘古越长越高，天和地也离得越来越远。一天，盘古看着头上的天和脚下的地，心想，"这天和地的中间空空的，让我来加上点东西吧。"他把自己的左眼变成太阳，右眼变成月亮，身子变成高山，血（xiě）变成河，他嘴里的气，变成了风……从此以后，我们这个世界呀，就成了现在的样子了。

新字新词：	盘古（pán gǔ）	鸡蛋（dàn）(egg)	半（bàn）(half)	血（xiě）(blood)

画蛇添足
_{tiān zú}

有几个好朋友坐在树下谈天，别人送给他们一壶酒。一壶酒几个人分，谁也不够喝。有个人就想了个办法："我们大家在地上画蛇，谁最先画好，这壶酒就给谁喝，好不好？"大家听了都说好。

他们每人拿了一根树枝，就动手在地上画起蛇来。不一会儿，张三先把蛇画好了。他伸手把那壶酒拿起来，刚要喝，一眼看见别的人还在画，就得意洋洋地说："你们看，我还能给这条蛇添上脚呢！"他一手拿着酒壶，一手抓起树枝又画起脚来。

这时，李四也画好了。他看看张三画的蛇，把酒壶从张三手里拿过来，说："蛇是没有脚的，你画的不是蛇。第一个画好蛇的是我！"说着，就举起酒壶，喝起酒来。画蛇添足的张三，最后没有喝到酒。

把事情做过了头，不是真的聪明！

新字新词：	添(to add)	足(feet)	一壶酒	够(enough)

新字新词：添_{tiān}(to add)　足_{zú}(feet)　一壶酒_{hú jiǔ}　够_{gòu}(enough)

还好没有抓住鼻子

夜晚，两个小偷正在偷东西的时候，有一个被抓住了，另一个却逃跑了。

逃跑的小偷远远地躲在一棵大树后面，喊道："朋友，你那里怎么样？他抓住你什么地方？"

被抓住的小偷大声回答说："我很好啊！还好他没有抓住我的鼻子！你放心吧！他抓住的是我的衣服！要是他抓住我的鼻子，那才真的糟糕呢！"

抓小偷的人一听，心想："坏了，我抓错地方了！"就赶快放掉小偷的衣服，伸手去抓他的鼻子。鼻子哪里抓得住，那小偷一转身，飞快地逃跑了。

新字新词：	偷(to steal)	放心	糟糕(terrible)

有个好朋友，

天天跟我走。

有时走在前，

有时走在后。

我和他说话，

就是不开口。

四、A Journey of Teaching Yourself Pinyin —— Part Four

There is a special group of finals called nasal finals. These are sounds that come through your nose. The basic ones are **an, ang, ong, en, eng, in, ing, un, ün**. By adding a simple final in front of some of them, can make more nasal finals such as **ian, iang, uang, iong, üan**.

Mini-lesson 13: nine basic nasal finals

sān	shān	lán	nán	shǎn	mǎn	kàn	màn	
三	山	蓝	难	闪	满	看	慢	→ **an** vs. **ang**

zāng	bāng	máng	cáng	dǎng	zhǎng	shàng	ràng	
脏	帮	忙	藏	挡	长	上	让	

zhōng	dōng	hóng	tóng	dǒng	zhǒng	dòng	zhòng	
中	冬	红	同	懂	肿	动	重	→ **ong**
				(understand)	(swollen)			

fēn	mén	rén	hěn	dēng	péng	děng	pèng	
分	门	人	很	灯	朋	等	碰	→ **en** vs. **eng**
(separate)								

jīn	lín	jǐn	jìn	bīng	xíng	qǐng	bìng	
今	林	紧	进	冰	行	请	病	→ **in** vs. **ing**
		(tighte)						

chūn	lún	zhǔn	lùn	jūn	qún	xún	yùn	
春	轮	准	论	军	群	寻	运	→ **un** vs. **ün**
	(wheel)			(military)		(look for)	(ship)	(Where are the two dots of *ü*?)

Mini-lesson 14: *i+an, i+ang, u+an, u+ang, +iong, ü+an*

tiān	lián	diǎn	xiàn	xiāng	qiáng	xiǎng	xiàng	
天	连	点	线	香	墙	想	向	→ **ian** vs. **iang**
				(fragrant)				

zuān	chuán	nuǎn	suàn	guāng	huáng	chuǎng	kuàng	
钻	船	暖	算	光	黄	闯	矿	→ **uan** vs. **uang**
							(mine)	

xiōng	xióng	yǒng	yòng	quán	yuán	juǎn	yuàn	
兄	熊	勇	用	全	原	卷	愿	→ **iong** vs. **üan**
(older brother)	(bear)	(brave)				(roll)		(Where are the two dots of *ü*?)

Table 6: Pinyin syllables with nasal finals *an*, *ang*, *ian*, and *iang*, can you pronounce them?

	ān	án	ǎn	àn	āng	áng	ǎng	àng	iān	ián	iǎn	iàn	iāng	iáng	iǎng	iàng	16
b	bān		bǎn	bàn	bāng		bǎng	bàng	biān		biǎn	biàn					9
p	pān	pán		pàn	pāng	páng	pǎng	pàng	piān	pián	piǎn	piàn					11
m	mān	mán	mǎn	màn	māng	máng	mǎng			mián	miǎn	miàn					10
f	fān	fán	fǎn	fàn	fāng	fáng	fǎng	fàng									8
d	dān		dǎn	dàn	dāng		dǎng	dàng	diān		diǎn	diàn					9
t	tān	tán	tǎn	tàn	tāng	táng	tǎng	tàng	tiān	tián	tiǎn	tiàn					12
n	nān	nán	nǎn	nàn	nāng	náng	nǎng		niān	nián	niǎn	niàn		niáng		niàng	13
l		lán	lǎn	làn	lāng	láng	lǎng	làng		lián	liǎn	liàn		liáng	liǎng	liàng	13
g	gān		gǎn	gàn	gāng		gǎng	gàng									6
k	kān		kǎn	kàn	kāng	káng		kàng									6
h	hān	hán	hǎn	hàn	hāng	háng		hàng									7
j									jiān		jiǎn	jiàn	jiāng		jiǎng	jiàng	6
q									qiān	qián	qiǎn	qiàn	qiāng	qiáng	qiǎng	qiàng	8
x									xiān	xián	xiǎn	xiàn	xiāng	xiáng	xiǎng	xiàng	8
z	zān	zán	zǎn	zàn	zāng		zǎng	zàng									7
c	cān	cán	cǎn	càn	cāng	cáng											6
s	sān		sǎn	sàn	sāng		sǎng	sàng									6
r		rán	rǎn		rāng	ráng	rǎng	ràng									6
zh	zhān	zhán	zhǎn	zhàn	zhāng		zhǎng	zhàng									7
ch	chān	chán	chǎn	chàn	chāng	cháng	chǎng	chàng									8
sh	shān		shǎn	shàn	shāng		shǎng	shàng									6

Table 7: Pinyin syllables with nasal finals *uan*, *uang*, and *üan*, can you pronounce them?

	uān	uán	uǎn	uàn	uāng	uáng	uǎng	uàng	üān	üán	üǎn	üàn	12
d	duān		duǎn	duàn									3
t	tuān	tuán	tuǎn	tuàn									4
n			nuǎn										1
l		luán	luǎn	luàn									3
g	guān		guǎn	guàn	guāng		guǎng	guàng					6
k	kuān		kuǎn		kuāng	kuáng	kuǎng	kuàng					6
h	huān	huán	huǎn	huàn	huāng	huáng	huǎng	huàng					8
j									juān		juǎn	juàn	3
q									quān	quán	quǎn	quàn	4
x									xuān	xuán	xuǎn	xuàn	4
z	zuān		zuǎn	zuàn									3
c	cuān	cuán		cuàn									3
s	suān			suàn									2
r			ruǎn										1
zh	zhuān		zhuǎn	zhuàn	zhuāng		zhuǎng	zhuàng					6
ch	chuān	chuán	chuǎn	chuàn	chuāng	chuáng	chuǎng	chuàng					8
sh	shuān			shuàn	shuāng		shuǎng						4

Table 8: Pinyin syllables with nasal finals *en*, *eng*, *in*, and *ing*, can you pronounce them?

	ēn	én	ěn	èn	ēng	éng	ěng	èng	īn	ín	ǐn	ìn	īng	íng	ǐng	ìng	16
b	bēn		běn	bèn	bēng	béng	běng	bèng	bīn			bìn	bīng		bǐng	bìng	12
p	pēn	pén		pèn	pēng	péng	pěng	pèng	pīn	pín	pǐn	pìn	pīng	píng			13
m	mēn	mén		mèn	mēng	méng	měng	mèng		mín	mǐn			míng	mǐng	mìng	12
f	fēn	fén	fěn	fèn	fēng	féng		fèng									7
d					dēng		děng	dèng					dīng		dǐng	dìng	6
t						téng							tīng	tíng	tǐng	tìng	5
n				nèn		néng				nín			níng	nǐng	nìng		6
l					lēng	léng	lěng	lèng	līn	lín	lǐn	lìn		líng	lǐng	lìng	11
g	gēn	gén	gěn	gèn	gēng			gěng	gèng								7
k			kěn	kèn	kēng												3
h		hén	hěn	hèn	hēng	héng		hèng									6
j									jīn		jǐn	jìn	jīng		jǐng	jìng	6
q									qīn	qín	qǐn	qìn	qīng	qíng	qǐng	qìng	8
x									xīn			xìn	xīng	xíng	xǐng	xìng	6
z			zěn	zèn	zēng			zèng									4
c	cēn	cén			cēng	céng		cèng									5
s	sēn				sēng												2
r		rén	rěn	rèn	rēng	réng		rèng									6
zh	zhēn		zhěn	zhèn	zhēng		zhěng	zhèng									6
ch	chēn	chén	chěn	chèn	chēng	chéng	chěng	chèng									8
sh	shēn	shén	shěn	shèn	shēng	shéng	shěng	shèng									8
y									yīn	yín	yǐn	yìn	yīng	yíng	yǐng	yìng	8
w					wēng												1

Table 9: Pinyin syllables with nasal finals *ong*, *iong*, *un*, and *ün*, can you pronounce them?

	ōng	óng	ǒng	òng	iōng	ióng	iǒng	iòng	ūn	ún	ǔn	ùn	ǖn	ǘn	ǚn	ǜn	16
d	dōng		dǒng	dòng					dūn		dǔn	dùn					6
t	tōng	tóng	tǒng	tòng					tūn	tún	tǔn	tùn					8
n		nóng		nòng													2
l		lóng	lǒng	lòng					lūn	lún		lùn					6
g	gōng		gǒng	gòng							gǔn	gùn					5
k	kōng		kǒng	kòng					kūn		kǔn	kùn					6
h	hōng	hóng	hǒng	hòng					hūn	hún		hùn					7
j					jiōng		jiǒng						jūn			jùn	4
q					qiōng	qióng							qūn	qún			4
x					xiōng	xióng							xūn	xún		xùn	5
z	zōng		zǒng	zòng					zūn		zǔn						5
c	cōng	cóng							cūn	cún	cǔn	cùn					6
s	sōng		sǒng	sòng					sūn		sǔn						5
r		róng	rǒng									rùn					3
zh	zhōng		zhǒng	zhòng					zhūn		zhǔn						5
ch	chōng	chóng	chǒng	chòng					chūn	chún	chǔn						7
sh											shǔn	shùn					2

* The number of syllables in tables 6,7, 8, and 9 are: 188, 81, 172, and 102.

Alltogether we have practiced 1297 Pinyin syllabes in 9 tables.

Spell and Read

ing

xiǎo xīng xing　　liàng jīng jīng
小星星，亮晶晶，

yì shǎn yì shǎn xiàng yǎn jīng
一闪一闪像眼睛。

shǔ ya shǔ　　shǔ xīng xing
数呀数，数星星，

tiān shàng de xīng xing shǔ bù qīng
天上的星星数不清。

iang

xī shān yǒu zhī láng　　dōng shān yǒu zhī yáng
西山有只狼，东山有只羊，

xī shān de láng yào chī dōng shān de yáng
西山的狼要吃东山的羊，

dōng shān de yáng qù zhuàng xī shān de láng
东山的羊去撞西山的狼，

xià dé xī shān de láng bù gǎn chī dōng shān de yáng
吓得西山的狼不敢吃东山的羊。

uang

sūn wù kōng　　dào chù chuǎng
孙悟空，到处闯，

chuǎng lóng gōng　　zhǎo lóng wáng
闯龙宫，找龙王。

dìng hǎi shén zhēn bá qǐ lái
定海神针拔起来，

hǎi dǐ lóng gōng zhí yáo huàng
海底龙宫直摇晃。

ong

yí wèi lǎo gōnggong
一位老公公，

liǎn er hóng yòu hóng
脸儿红又红。

qíng tiān zǎo zǎo qǐ
晴天早早起，

àn shí lái gōng
按时来上工。

en vs. eng

yì gēn hóngshéng　　sān gēn lǜ shéng
一根红绳，三根绿绳，

hóngshéng rào lǜ shéng　　lǜ shéng rào hóngshéng
红绳绕绿绳，绿绳绕红绳。

nǐ ná zhe lǜ shéng　　wǒ ná zhe hóngshéng
你拿着绿绳，我拿着红绳，

fēn ya fēn　　fēn ya fēn
分呀分，分呀分，

fēn chū le hóngshéng hé lǜ shéng
分出了红绳和绿绳。

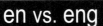

iong

xiǎo xióng　　xiǎo xióng
小熊，小熊，

tiào jìn hé lǐ xué yóu yǒng
跳进河里学游泳。

yòu huá shuǐ　　yòu zhuā yú
又划水，又抓鱼，

lè huài le
乐坏了

bà ba xióng hé mā mā xióng
爸爸熊和妈妈熊。

* Please see page 48 for the new characters introduced in the above rhymes。

Spell and Read

zuò kè
作客

tù dì di　　lù gē ge
兔弟弟，鹿哥哥，

shǒu wò shǒu　　xiào hē hē
手握手，笑呵呵，

wèi shá gāo xìng wèi shá lè
为啥高兴为啥乐？

xiǎo mǎ jiā lǐ qù zuò kè
小马家里去作客。

yí lì mǐ
一粒米

yì kē gǔ　　yí lì mǐ
一颗谷，一粒米，

lì lì lái de bù róng yì
粒粒来得不容易。

xiǎo péng yǒu men yào ài xī
小朋友们要爱惜，

bú yào làng fèi yí lì mǐ
不要浪费一粒米。

wù
雾

xiàng yún bú shì yún
像云不是云，

xiàng yān bú shì yān
像烟不是烟，

fēng chuī qīng qīng piāo
风吹轻轻飘，

rì chū mànmàn sàn
日出慢慢散。

shuǐ
水

xiǎo xī lǐ sàn bù
小溪里散步，

chí táng lǐ shuì jiào
池塘里睡觉，

jiāng hé lǐ bēn pǎo
江河里奔跑，

hǎi yáng lǐ wǔ dǎo
海洋里舞蹈。

dà hǎi zhī yī
大海（之一）

lán lán de dà hǎi qǐ bō làng
蓝蓝的大海起波浪，

lán lán de tiān kōng wēi fēng yáng
蓝蓝的天空微风扬，

dǎ yú de chuán er sǎ xià le wǎng
打鱼的船儿撒下了网，

yú jiā gū niang fàng shēng chàng
渔家姑娘放声唱。

dà hǎi zhī èr
大海（之二）

dà hǎi dà hǎi xiàng yáo lán
大海，大海，像摇篮，

yáo guò qù diǎn diǎn bái fān
摇过去，点点白帆，

yáo huí lái yú xiā mǎn chuán
摇回来，鱼虾满船。

* Please see page 48 for the new characters introduced in the above rhymes。

夸父追日
（kuā fù）

　　夸父追赶太阳的故事，是奶奶告诉我的。我的奶奶，又是听她的奶奶说的。那是很久很久以前的事了。那个时候，世界上还没有灯。每天早晨，太阳从东方升起，给世界带来光明。晚上，太阳从西面落下去了，到处就是一片黑暗(àn)。有个叫夸父的人心想，如果我能追上太阳，把它抓住了，不再让它落下去，那才好呢。

　　夸父真的去追赶太阳了，他拄(zhǔ)着一根木棒，沿(yán)着黄河大步追赶着太阳。追啊，追啊，只觉得越追越热，越追越渴。他低下头，一口气把黄河里的水喝干了。可是，他还是觉得渴极了。他又赶到渭(wèi)河旁边，把渭河里的水也喝干了。夸父却不知道，因为自己离太阳太近了，就是喝再多的水也是没有用的。

　　夸父还想到远方的大湖(hú)里去喝水，可是，走到半路就渴死了。夸父快死的时候，把手里的木棒一扔，这根木棒就变成了一片桃树林，树上结(jié)满了又大又红的桃子。这是夸父留给赶路赶得口渴的人们吃的。

新字新词：	夸父(kuā fù)	暗(àn)(dark)	拄(zhǔ)	沿(yán)	湖(hú)(lake)

童话

小河流呀流

一条小河唱着歌流呀流。它太急了，一头
^{zhuàng}撞在了一座大山上。"哎呀，撞得我好疼^{téng}啊！"
小河抬起头，望着大山，哭着说："我流过松松
的沙土，我流过滑滑的泥地，花儿给我唱歌，
青草跟我游戏。我跳过大树的根，我钻过小桥
的脚，大家都跟我好。只有你，又高又大的
山，撞疼了我，你最坏了！"

大山笑着说："别哭了，可爱的小河，摔^{shuāi}几个跟头怕什么？
它能让你长力气！你看山里的泉^{quán}水，从高高的山上跳下来，一路上
要摔多少跟头呀，可是泉水唱着快乐的歌儿，勇敢^{yǒng gǎn}地向前奔跑，
从来也不哭。"

小河一听，笑了，它一边擦眼泪，一边说："泉水弟弟，
我们做朋友吧。你真勇敢，我要向你学习。"

泉水说："瀑布^{pù bù}哥哥比我更勇敢。它从最高的山顶上跳下来，
一点儿也不害怕，还大声地笑着，叫着：'我的胆子大，什么
困难也不怕！'你看它把硬硬的石头冲洗得这样光滑。"

小河高兴地叫起来："勇敢的瀑布，你真好，我们做朋友吧！
我们手拉手，一起向前流。"

泉水、瀑布快乐地流进了小河。它们一起流呀流，穿过无数
的高山，带着千万朵浪花。它们变成了一条大江，唱着歌儿向大海
流去……

新字新词：撞^{zhuàng} (to bump)　疼^{téng} (painful)　摔^{shuāi}跟头

泉^{quán}水 (spring)　勇敢^{yǒng gǎn} (brave)　瀑布^{pù bù} (water fall)

A Summary of Pinyin

Now we have taught ourselves Chinese Pinyin. The following is a summary of the main points:

1. Unlike in English, we have tones in Chinese. The four tone signs are put above the six simple finals -- *a*, *o*, *e*, *i*, *u*, and *ü*.

2. The term "simple final" in Pinyin is almost the same as the term "vowel" in English. While in English the same vowel may sound different in different words, in Chinese a simple final always sounds the same with only two exceptions:

    a. When "i" comes after *z*, *c*, *s*, *r*, *zh*, *ch*, and *sh*, it doesn't have a sound at all. It is only there to carry the tone sign.

    b. When "ü" comes after *j*, *q*, and *x*, it is written as "u."

3. In Pinyin there are two groups of basic compound finals, each with nine members.

4. The members in the first group are:

    ai, *ia*, *ao*, *ou*, *uo*, *ua*, *ei*, *ie*, and *üe*.

    From them we can make other compound finals such as *iao* (i+ao), *uai* (u+ai), *iu* (i+ou), and *ui* (u+ei).

5. The members in the second group of basic compound finals are:

    an, *ang*, *en*, *eng*, *in*, *ing*, *ong*, *un*, and *ün*.

    From them we can make other compound finals such as *ian* (i+an), *iang* (i+ang), *uan* (u+an), *uang* (u+ang), *ueng* (u+eng), *üan* (ü+an), and *iong* (i+ong).

6. In Pinyin there is a special final: *er*. It always appears alone, never with any initial. The four characters with final *er* that we have learned are：二(èr)，耳(ěr)，儿(ér)，and 而(ér)．

7. The term "initial" in Pinyin is almost the same as the term "consonant" in English. Please pay attention to the following Pinyin initials since they sound different from how they do in English:

    j, *q*, *x*, *z*, *c*, *zh*, *ch*, and *sh*.

8. The following three initials sound slightly different from how they do in English:

    b, *d*, and *g*.

9. When spelling a character, the simple finals i, u, and ü can't stand alone, but have to follow another leading letter. For example *i* = *yi* （一）, u = wu （五）, and ü = yu （鱼）．

10. When spelling a character, the simple finals i, u, and ü can't be the first letter, but have to transform into other letters. For example *iá* = *yá* （牙）; *iè* = *yè* （叶）; *iǒu* = *yǒu* （有），*uā* = *wā* （蛙），*uǒ* = *wǒ* （我），*uèi* = *wèi* （为），*üè* = *yuè* （月），*üán* = *yuán* （圆）。

Dear students, to teach oneself something is a very important life skill. Congratulations to you for having taught yourselves Chinese Pinyin! With more practice in the future, you will surely master Pinyin and use it as a beneficial tool in your life.

五、称象

从前，有个将军名字叫曹操。有一次，人家送给他一头象。

象运到了，曹操带着儿子和几个朋友一同去看象。那头象又高又大，曹操看了很喜欢。他转过身来问道："你们谁有办法，可以把大象称一称？"

曹操的朋友们左想右想，谁也想不出好办法。过了好一会儿，有个人说："办法倒是有一个，就是先把大象杀死，切成一块一块的来称。"

曹操听了直摇头。

曹操的儿子曹冲，才七岁。这时候，他站出来对父亲说："爸爸，这还不容易吗？我们先把大象赶到一条大船上，看船身下沉多少。然后拿一支笔，沿着水面，在船旁边划一条线。再把大象赶上岸，往船上装石头。等船下沉到划线的地方，称一称那些装到船上的石头。石头有多少斤，大象就有多少斤。"

曹操听了点点头。人们用曹冲说的办法，果然很快称出了大象的重量。

--- **词 汇** ---

称象　从前　将军　名字　曹操　运到　带着　儿子　喜欢

办法　先　杀死　切成　一块　直摇头　曹冲　站出来　父亲

容易　赶到　大船　下沉　一枝笔　沿着　旁边　划　一条线

岸　装　等　地方　那些　多少斤　重量

--- **生 字** ---

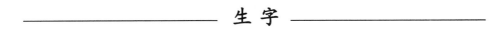

称 象 将 军 曹 操 运 杀 切 冲 父 沉 沿 岸 斤 量

盲_{máng}人摸_{mō}象

　　一个冬天的下午，有几个盲人坐在屋子外面，一边晒太阳，一边说故事。这时候，有个人赶着一头大象，从他们旁边经过。赶象的人听到一个盲人正在高声说着曹冲称象的故事，他就对盲人说道："来吧，来吧，请来摸_{mō}摸大象到底是什么样子的吧！"盲人们一听，马上站起身围了过来。

　　跑得最快的那个盲人一下子碰到了大象的身子，他在大象身上摸来摸去，说："哦，我知道了，大象长得像我家屋子的墙！"

　　"你错了！"摸着大象鼻子的盲人大声叫了起来，"我说大象像一个又大又长的萝卜！"

　　抱着象腿的盲人说："咦，奇怪，我摸着的大象，怎么像一棵树？"

　　"不对，不对，你们说得都不对！大象啊，明明像一根粗粗的绳_{shéng}子！"拉着大象尾巴的盲人急忙反_{fǎn}对他的朋友。

　　那大象的主人听着他们在那里争论不休，只好摇摇头，赶着大象走开了。

新字新词：	摸_{mō}(to touch)	反_{fǎn}对(to oppose)	绳_{shéng}子

称鼻子

从前有一个人，自以为是世界上最聪明的。他听别人都说阿凡提（ā fán tí）聪明，就一心想和阿凡提比个高低。

有一次，他站在家门口，远远看见阿凡提正往他这里走过来，就高声喊道："喂，阿凡提，人们都说你很聪明，可是我想和你比一比。你能不能告诉我，有什么办法，可以称出我的鼻子有多重？如果你说得出，就算我输了。"

阿凡提眨了眨眼睛，说："你真的想知道你的鼻子的重量吗？"

"当然是真的想知道。可是，难道你真的有办法可以称出来吗？"

阿凡提说："那容易，你把鼻子切下来，自己去称吧！"那人听了，一句话也说不出来，只能认输。

红口袋，绿口袋，

有人怕，有人爱。

（谜底：辣椒）

六、锯是怎样发明的

鲁班是中国古时候一个有名的木匠。

有一回，鲁班得在很短的时间里，造起一座很大的房子来。鲁班需要很多大木料，就派人上山去砍树。可是，用斧子砍树，一天砍不了几棵，鲁班的木料总是不够用。缺少木料，他很着急，就亲自上山去砍树。

鲁班抓住树根和野草，一步一步往山上爬。爬着爬着，他的手指被一根小草划破了，流出血来。

　　鲁班停下来仔细一看，发现小草的叶子边上，有许多尖尖的小齿。他试了试，用小草在手指上一划，手指就破了。鲁班看着手上的小草，心想，如果我用铁打一把有齿的工具，会不会比用斧子砍更快呢？他忘了疼痛，马上回去打了一把，拿到山上一试，果然比斧子又快又省力。

　　就这样，鲁班发明了锯。

词　汇

锯　发明　鲁班　中国　古时候　木匠　很短　造　需要　木料
派人　砍树　斧子　砍不了　总是　不够用　缺少　着急
亲自　抓住　野草　手指　被　划破　流出血　停下来　仔细
尖尖的　小齿　试了试　如果　工具　忘了　疼痛　省力

生　字

lǔ	bān	guó	gǔ	jiàng	zào	fáng	xū	liào	pài	kǎn	fǔ
鲁	班	国	古	匠	造	房	需	料	派	砍	斧

gòu	quē	yě	zhǐ	bèi	xiě*	jù	wàng	téng	tòng	shěng
够	缺	野	指	被	血*	具	忘	疼	痛	省

---

* 血有两个读音。这两个读音意思是一样的。在口头语用法读 xiě；在书面语用法读 xuè。

曾子杀猪
zēng

古时候，有一个人名字叫曾子。有一次，他的妻子（qī zǐ）要出门，他们五岁的儿子哭着闹着，一定要跟着去。曾子的妻子被儿子吵得没办法，就对儿子说："你

和爸爸一起留在家里，等妈妈下午回来，把我们家的猪杀了，做红烧（shāo）肉给你吃。"儿子果然不哭了，乖乖（guāi）地看着妈妈离开。

下午，妻子回到家，看见曾子正在院子里磨（wǔ）刀。妻子很奇怪，就问："你磨刀干什么呀？""准备杀猪啊！"妻子听了连忙挡（dǎng）住他说："我们家就只有这么一头猪，你忘了吗？那是要留着过新年（xīn nián）的时候吃的！现在猪还没长大，你哪能真的就给杀了呢？我是跟儿子说着玩玩，骗骗他的。"曾子很认真（rèn zhēn）地对妻子说："我们怎么可以骗孩子呢？我们今天骗他，他明天可能就会去骗别人。再说，今天我们骗了他，他以后就不再相信我们了。这样下去怎么行呢？"最后，曾子真的把准备过年的时候才吃的猪杀了。

新字新词：妻子（qī zǐ）(wife)　挡住（dǎng zhù）　乖（guāi）　新年（xīn nián）(New Year's Day)

^{tāng}汤的汤

　　有一回，阿凡提打到一只野兔，正好他的朋友来了，他就^{rè qíng}热情地请朋友一起喝兔子汤。

　　第二天，来了一个人，一进门就对阿凡提说："听说你打到了一只野兔，能不能也让我^{cháng}尝一尝？"阿凡提问："你是谁？我不认识你啊！"那人回答："我吗？我是你朋友的朋友啊。"阿凡提听了，转身拿出一碗汤来说："请喝吧！"

　　那人一尝，连连摇头："这是什么兔子汤，怎么一点味道也没有？"阿凡提十分认真地说："因为你是我朋友的朋友，所以，我请你喝的是兔子汤的汤啊！"

| 新字新词： | ^{tāng}汤(soup) | ^{rè qíng}热情(enthusiastically) | ^{cháng}尝(to taste) |

谜 语

　　一条绳子，

　　花花绿绿，

　　走起路来，

　　弯弯曲曲。

（谜底：蛇）

七、狐假虎威

森林里，有一只老虎饿着肚子，正在寻找食物。一只狐狸从它身边跑过。老虎跳起来扑过去，把狐狸抓住了。

狡猾的狐狸眼珠一转，大声对老虎说：“你不要命啦，你敢吃我？”

“我为什么不敢？”老虎反问道。

“你知道我是谁？我是老天爷派来管你们的！你敢吃我？看你有多大的胆子！”

老虎一下子被吓住了，慢慢松开了爪子。狐狸摇了摇尾巴，对老虎说：“不信，我带你在森林里走一趟，让你看看我的威风。”

狐狸和老虎，一前一后，往前走去。狐狸神气活现，摇头摆尾；老虎半信半疑，东张西望。

森林里的野猪啦，灰狼啦，梅花鹿啦，看见狐狸大摇大摆地走来，和平常很不一样，都觉得很奇怪。再往狐狸身后一看，呀！一只大老虎！大大小小的野兽，都吓得转身就跑。

凶恶的老虎受骗了。狡猾的狐狸是借着老虎的威风，才把野兽吓跑的。

--- 词 汇 ---

狐假虎威　森林　老虎　饿着肚子　寻找　食物　跳起来
扑过去　抓住　狡猾　眼珠一转　不要命　敢　反问　管
吓住　慢慢　松开了　爪子　走一趟　威风　一前一后
神气活现　摇头摆尾　半信半疑　东张西望　野猪　灰狼
梅花鹿　平常　奇怪　野兽　转身　凶恶　受骗　借着

--- 生 字 ---

jiǎ	wēi	sēn	xún	shí	pū	jiǎo	huá	zhū	mìng
假	威	森	寻	食	扑	狡	猾	珠	命

fǎn	guǎn	shòu	tàng	huó	bàn	píng	xiōng	è	piàn
反	管	兽	趟	活	半	平	凶	恶	骗

狐狸请客

狐狸和白鹳（guàn）是朋友。一天，狐狸请白鹳到家里吃饭。狐狸把汤倒在一个扁（biǎn）平的盘（pán）子里，自己就神气活现，津津（jīn jīn）有味（wèi）地喝起来。狐狸笑眯眯地问白鹳："亲爱的朋友，我做的汤味道（wèi dào）很不错吧？"

白鹳的长嘴喝不着盘子里的汤。狐狸喝饱了，一边擦着嘴巴，一边故意说："这汤多好喝啊！你多喝一点啊！这么好喝的汤，难道你还不喜欢？"

白鹳想了想，就说："谢谢你的好意，我现在不饿，明天我请你吃饭，好吗？"

第二天，狐狸到白鹳家作客。狐狸一进门，就闻（wén）到很香（xiāng）的味道。饭是放在一个又窄又长的瓶子里，白鹳用长嘴伸到瓶子里面，一口一口地吃。它问狐狸："亲爱的朋友，我的饭好吃吗？"

狐狸伸长了嘴，费（fèi）了很大的力气，可就是吃不着瓶里的饭。它一句话也说不出来。狐狸知道，这害人的办法正是它自己发明的。

新字新词：扁平（biǎn píng）(flat)　味道（wèi dào）(taste)

三个和尚没水喝
shang

山脚下有一条河，山顶上有一座
庙，山上的庙里，住着一个小和尚。
小和尚天天早上一起来，就到河边
挑水。他一个人一次能挑两桶水，
够他喝的了。

有一天，庙里又来了一个胖和尚。
小和尚和胖和尚谁也不肯一个人下山去挑水，他们就一起去抬水。
两个和尚一前一后，走一趟只能抬一桶水。两个人喝一桶水，
常常就不够喝了。

后来，庙里又来了一个瘦和尚，庙里这一下就有了三个人，
比以前热闹多了。可是说起喝水的事，这三个和尚就为难了，
因为他们谁也不肯一个人去挑水，也不肯两个人去抬水，可又
想不出三个人一起去取水的方法。所以，他们眼看着河水在山脚下
哗哗流过，却没有水喝了。

"一个和尚挑水喝，两个和尚抬水喝，三个和尚没水喝。"
说的就是他们的故事。

新字新词：	和尚 (Buddhist monk)	庙 (temple)	桶 (bucket)	瘦	哗
	shang	miào	tǒng	shòu	huā

八、小马过河

马棚里住着一匹老马和一匹小马。有一天，老马让小马把半口袋麦子送到奶奶家去。

小马背着口袋，飞快地往奶奶家跑去。跑着跑着，一条小河挡住了去路。小马心想："这条河，我过得去吗？"它看见一头老牛正在河边吃草，就沿着河跑过去问道："牛伯伯，这条河，我过得去吗？"老牛说："水很浅，你当然过得去。"

小马听了老牛的话，准备过河。突然，从树上跳下一只松鼠，大声叫着："小马！别过河，别过河！河水会淹死你的！"小马吃惊地问："水很深吗？"松鼠说："当然啦！昨天，我的一个小伙伴就是掉在这条河里淹死的！"小马停住脚步，不知道应该怎么办才好。他甩了甩尾巴，说："唉，还是回家问问妈妈吧！"

小马回到家，对妈妈说："一条河挡住了我的路，过……过不去。"妈妈问："那条河不是很浅吗？"小马说："是啊，牛伯伯也是这么说的。可是，松鼠说河水很深，还淹死过它的伙伴呢。"

妈妈说："那么到底是深还是浅呢？你愿意自己去试一试吗？"

小马又跑回河边，刚准备过河，松鼠又大叫起来："太危险了，你不要命啦！"小马说："小松鼠，谢谢你的关心，让我自己试一试吧。"

小马下了河，小心地走过河去。原来，河水既不像老牛说的那样浅，也不像松鼠说的那样深。

词 汇

马棚　　一匹　　半口袋　　麦子　　送到　　飞快　　挡住　　去路　　浅

当然　　准备　　过河　　突然　　松鼠　　淹死　　吃惊　　深　　昨天

小伙伴　掉在　　应该　　甩了甩　唉　　到底　　愿意　　危险　　关心　　原来　　既

生 字

mài	dǎng	yīng	gāi	qiǎn	yān	jīng	shēn	zuó	huǒ	bàn	yuàn	wēi	xiǎn	guān	yuán
麦	挡	<u>应</u>	该	浅	淹	惊	深	昨	伙	伴	愿	危	险	关	原

谁也骗不了我

　　马路上，车来人往的真热闹（rè nao）。张三对着来来往往的人们高声喊着：“我是天下第一聪明的人，谁也骗不了我！不信，你们谁都可以来试试！”

　　张三刚喊了不久，阿凡提正好从这里走过。阿凡提就站下来对张三说：“先生，我相信（xiāng xìn）你是世界上最聪明的人，谁也骗不了你。可是我的朋友说，他比你更聪明，他有办法能骗得了你！请你在这儿等一等，我去把我的朋友找来，看看你们俩到底谁聪明？”

　　张三满口答应：“可以可以，你快去吧，我就在这里等着。”

　　阿凡提走了，张三站在那里左等右等，一直等到了天黑。马路上车少了，人也少了，阿凡提和他那“聪明”的朋友还是没有来。当然，受了骗的张三是怎么也等不到他们的了。

新字新词：热闹（rè nao）(lively)　相信（xiāng xìn）(to trust)

女娲补天

盘古打开了天和地以后，为了不让天塌下来，就用不周山把天顶着。

有一次，火神和水神在不周山下打架，水神打败了，很生气，就一头撞死在不周山下了。没想到，水神这一撞，把不周山撞倒了，天塌下来了一大块。天河里的水哗哗地流下来，把土地都淹了，人们没办法过日子了。

有个女神叫女娲，她决心把天补起来。女娲先用神龟的四只脚把天顶住。她又用五色的石头，把塌了的那块天补好。从此以后，人们又过上了太平的日子。

传说女娲补天时多下了一块五色石，后来猴王孙悟空，就是从那块石头里蹦出来的呢！

| 新字新词： | 女娲 | 补(mend) | 神(god, divinity) | 淹(flood) |

谜 语

一对小船

非常能干，

白天运人，

晚上靠岸。

总生字表

拼音部分

一、汉语拼音 第1课（14）

<ruby>汉<rt>hàn</rt></ruby> <ruby>骂<rt>mà</rt></ruby> <ruby>婆<rt>pó</rt></ruby> <ruby>猪<rt>zhū</rt></ruby> <ruby>鹅<rt>é</rt></ruby> <ruby>数<rt>shǔ</rt></ruby> <ruby>破<rt>pò</rt></ruby> <ruby>布<rt>bù</rt></ruby> <ruby>补<rt>bǔ</rt></ruby> <ruby>锯<rt>jù</rt></ruby> <ruby>舌<rt>shé</rt></ruby> <ruby>牙<rt>yá</rt></ruby> <ruby>齿<rt>chǐ</rt></ruby> <ruby>试<rt>shì</rt></ruby>

二、汉语拼音 第2课（7）

<ruby>买<rt>mǎi</rt></ruby> <ruby>妹<rt>mèi</rt></ruby> <ruby>背<rt>bēi</rt></ruby>/<ruby>背<rt>bèi</rt></ruby> <ruby>饱<rt>bǎo</rt></ruby> <ruby>吵<rt>chǎo</rt></ruby> <ruby>棚<rt>péng</rt></ruby> <ruby>拾<rt>shí</rt></ruby>

三、汉语拼音 第3课（4）

<ruby>桥<rt>qiáo</rt></ruby> <ruby>题<rt>tí</rt></ruby> <ruby>龟<rt>guī</rt></ruby> <ruby>吓<rt>xià</rt></ruby>

四、汉语拼音 第4课（29）

<ruby>清<rt>qīng</rt></ruby> <ruby>狼<rt>láng</rt></ruby> <ruby>撞<rt>zhuàng</rt></ruby> <ruby>敢<rt>gǎn</rt></ruby> <ruby>龙<rt>lóng</rt></ruby> <ruby>王<rt>wáng</rt></ruby> <ruby>神<rt>shén</rt></ruby> <ruby>晃<rt>huǎng</rt></ruby> <ruby>晴<rt>qíng</rt></ruby> <ruby>工<rt>gōng</rt></ruby> <ruby>绳<rt>shéng</rt></ruby> <ruby>分<rt>fēn</rt></ruby> <ruby>划<rt>huá</rt></ruby> <ruby>抓<rt>zhuā</rt></ruby> <ruby>鹿<rt>lù</rt></ruby>

<ruby>客<rt>kè</rt></ruby> <ruby>容<rt>róng</rt></ruby> <ruby>易<rt>yì</rt></ruby> <ruby>浪<rt>làng</rt></ruby> <ruby>费<rt>fèi</rt></ruby> <ruby>烟<rt>yān</rt></ruby> <ruby>江<rt>jiāng</rt></ruby> <ruby>舞<rt>wǔ</rt></ruby> <ruby>蹈<rt>dǎo</rt></ruby> <ruby>波<rt>bō</rt></ruby> <ruby>姑<rt>gū</rt></ruby> <ruby>娘<rt>niáng</rt></ruby> <ruby>篮<rt>lán</rt></ruby> <ruby>虾<rt>xiā</rt></ruby>

课文部分

五、曹冲称象（16）

<ruby>称<rt>chēng</rt></ruby> <ruby>象<rt>xiàng</rt></ruby> <ruby>将<rt>jiāng</rt></ruby> <ruby>军<rt>jūn</rt></ruby> <ruby>曹<rt>cáo</rt></ruby> <ruby>操<rt>cāo</rt></ruby> <ruby>运<rt>yùn</rt></ruby> <ruby>杀<rt>shā</rt></ruby> <ruby>切<rt>qiē</rt></ruby> <ruby>冲<rt>chōng</rt></ruby> <ruby>父<rt>fù</rt></ruby> <ruby>沉<rt>chén</rt></ruby> <ruby>沿<rt>yán</rt></ruby> <ruby>岸<rt>àn</rt></ruby> <ruby>斤<rt>jīn</rt></ruby> <ruby>量<rt>liàng</rt></ruby>

六、锯是怎样发明的（23）

<ruby>鲁<rt>lǔ</rt></ruby> <ruby>班<rt>bān</rt></ruby> <ruby>国<rt>guó</rt></ruby> <ruby>古<rt>gǔ</rt></ruby> <ruby>匠<rt>jiàng</rt></ruby> <ruby>造<rt>zào</rt></ruby> <ruby>房<rt>fáng</rt></ruby> <ruby>需<rt>xū</rt></ruby> <ruby>料<rt>liào</rt></ruby> <ruby>派<rt>pài</rt></ruby> <ruby>砍<rt>kǎn</rt></ruby> <ruby>斧<rt>fǔ</rt></ruby>

<ruby>够<rt>gòu</rt></ruby> <ruby>缺<rt>quē</rt></ruby> <ruby>野<rt>yě</rt></ruby> <ruby>指<rt>zhǐ</rt></ruby> <ruby>被<rt>bèi</rt></ruby> <ruby>血<rt>xiě</rt></ruby> <ruby>具<rt>jù</rt></ruby> <ruby>忘<rt>wàng</rt></ruby> <ruby>疼<rt>téng</rt></ruby> <ruby>痛<rt>tòng</rt></ruby> <ruby>省<rt>shěng</rt></ruby>

七、狐假虎威（20）

<ruby>假<rt>jiǎ</rt></ruby> <ruby>威<rt>wēi</rt></ruby> <ruby>森<rt>sēn</rt></ruby> <ruby>寻<rt>xún</rt></ruby> <ruby>食<rt>shí</rt></ruby> <ruby>扑<rt>pū</rt></ruby> <ruby>狡<rt>jiǎo</rt></ruby> <ruby>猾<rt>huá</rt></ruby> <ruby>珠<rt>zhū</rt></ruby> <ruby>命<rt>mìng</rt></ruby> <ruby>反<rt>fǎn</rt></ruby> <ruby>管<rt>guǎn</rt></ruby> <ruby>兽<rt>shòu</rt></ruby> <ruby>趟<rt>tàng</rt></ruby> <ruby>活<rt>huó</rt></ruby> <ruby>半<rt>bàn</rt></ruby> <ruby>平<rt>píng</rt></ruby> <ruby>凶<rt>xiōng</rt></ruby> <ruby>恶<rt>è</rt></ruby> <ruby>骗<rt>piàn</rt></ruby>

八、小马过河（16）

<ruby>麦<rt>mài</rt></ruby> <ruby>挡<rt>dǎng</rt></ruby> <ruby>应<rt>yīng</rt></ruby> <ruby>该<rt>gāi</rt></ruby> <ruby>浅<rt>qiǎn</rt></ruby> <ruby>淹<rt>yān</rt></ruby> <ruby>惊<rt>jīng</rt></ruby> <ruby>深<rt>shēn</rt></ruby> <ruby>昨<rt>zuó</rt></ruby> <ruby>伙<rt>huǒ</rt></ruby> <ruby>伴<rt>bàn</rt></ruby> <ruby>愿<rt>yuàn</rt></ruby> <ruby>危<rt>wēi</rt></ruby> <ruby>险<rt>xiǎn</rt></ruby> <ruby>关<rt>guān</rt></ruby> <ruby>原<rt>yuán</rt></ruby>

（合计 129 字，累计 812 字）

马立平课程

中 文

三 年 级
第二单元

编写　马立平

审定　庄　因

插图　陈　毅

一、公鸡蛋

从前，有一个十二岁的小孩，名字叫甘罗。他的爷爷甘茂在皇帝身边做官。爷爷很喜欢小孙子，每天回家，总是和甘罗有说有笑的。

可是有一天晚上，爷爷回到家，一句话也不说，连饭也吃不下，好像有很重的心事。甘罗看见了，关心地问："爷爷，这么香的饭菜，您为什么吃不下？有什么事情让您为难了吗？您能不能告诉我，说不定我能帮助您呢！"

爷爷摸着甘罗的肩膀，叹了口气，苦笑着说："好孩子，谁也帮不了你爷爷啊！今天下午，皇帝命令我，要在两天之内，找到三个公鸡蛋。天下哪有会下蛋的公鸡呢？这件事，爷爷实在办不到啊！"

甘罗想了想说："爷爷，我们虽然找不到公鸡蛋，但是，我们可以想办法，让皇帝改变主意啊！"

爷爷摇摇头说："唉，谁都知道，皇帝说出来的话，是从来不会改变的啊！"

词汇

公鸡蛋　甘罗　甘茂　皇帝　做官　爷爷　喜欢　孙子　总是
有说有笑　饭菜　好像　很重　心事　关心　香　事情　让　为难
帮助　摸着肩膀　叹了口气　苦笑　下午　命令　两天之内　实在
办不到　虽然　改变　主意

生字

dàn	gān	luó	mào	huáng	dì	guān	yé	xiāng	zhù	mō
蛋	甘	罗	茂	皇	帝	官	爷	香	助	摸

jiān	tàn	kǔ	lìng	wǔ	zhī	nèi	shí	suī	gǎi	zhǔ
肩	叹	苦	令	午	之	内	实	虽	改	主

甘罗说："爷爷您放心，明天让我去试试，我有办法说服皇帝。"爷爷想不出更好的办法，就只好答应了甘罗。

第二天，甘罗让爷爷留在家里，自己坐着爷爷的车子去见皇帝。

皇帝正在外面散步，看见一个小孩从车里出来，奇怪地问："你是谁？你怎么会坐在甘茂的车里？你来这里干什么？"甘罗在皇帝面前跪下来，低着头，恭恭敬敬地回答："我叫甘罗，是甘茂的孙子。我是来替我爷爷请假的。"

"请假？你爷爷病了吗？昨天他不还是好好的吗？"

"不，我爷爷没病，他在家里生孩子。"

"生孩子？你胡说！男人怎么会生孩子？！"皇帝非常生气。

甘罗不慌不忙，清楚而响亮地说道："皇上，既然男人不会生孩子，那么公鸡怎么会生蛋呢？所以，求您不要再让我爷爷去找公鸡蛋了吧！"

皇帝被甘罗的聪明和勇敢感动了。他立刻改变了主意，不再为难甘茂了。十二岁的甘罗，就这样救了爷爷。

词 汇

放心　明天　说服　更好　答应　留在　坐着　车　外面　散步

跪下　低着头　恭恭敬敬　替　请假　病了　昨天　胡说　不慌不忙

清楚　响亮　既然　求您　被　聪明　勇敢　感动　立刻　救

生 字

gōng	jìng	tì	jià	huāng	xiǎng	chǔ	qiú	yǒng	gǎn	kè	jiù
恭	敬	替	假	慌	响	楚	求	勇	感	刻	救

"谁"字的用法

- "谁" as "who"or"whom"：

  你听，是<u>谁</u>在那里唱歌？

  皇帝要<u>谁</u>去找公鸡蛋？

  是<u>谁</u>把这个破了的书包补好的？

  在"狐假虎威"的故事里，到底是<u>谁</u>把森林里的野兽吓跑的？

- "谁" as "anyone"：

  "好孩子，<u>谁</u>也帮不了你爷爷啊！"

  小明很淘气，除了老师，<u>谁</u>也管不了他。

  我需要请一个人帮我的忙，你们俩<u>谁</u>来都可以。

  妈妈在睡觉，<u>谁</u>也别进去！

虽然......但是......

- 虽然......但是......

  <u>虽然</u>我们已经累了，<u>但是</u>我们一定要爬到山顶上去。

  我的房间<u>虽然</u>不大，<u>但是</u>很干净。

- 用"但"、"可是"、"还"、"还是"、"却"等取代 (to replace) "但是"：

  <u>虽然</u>我们已经累了，<u>可是</u>我们一定要爬到山顶上去。

  我的房间<u>虽然</u>不大，<u>却</u>很干净。

- 可以用"还"、"还是"、"却"等加强 (to enhance) "但是"：

  <u>虽然</u>我们已经累了，<u>但</u>我们<u>还是</u>一定要爬到山顶上去。

  我的房间<u>虽然</u>不大，<u>但是</u><u>却</u>很干净。

- 省略 (to omit) "虽然"：

  我们已经累了，<u>但是</u>我们一定要爬到山顶上去。

  我的房间不大，<u>但是</u>很干净。

"被"字的用法

- "被子" as "quilt"：

  天冷了，妈妈给我换了一条厚^{hòu}被子。

  这条被子又暖和又好看，我很喜欢。

- "被"和被动语态 (passive voice)：

  树叶被风吹走了。

  老虎被狐狸骗了。

  桌子上的书被他拿走了。

- "把" vs. "被"：

  风把树叶吹走了。

  狐狸把老虎骗了。

  他把桌子上的书拿走了。

既然……

- "既然……那么……?" as "since ... then how (why)?"

  既然男人不会生孩子，那么公鸡怎么会下蛋呢？

  既然你知道树叶是绿的，那么你为什么把它们画成蓝色的呢？

  既然她是你的朋友，那么她怎么不理你呢？

- "既然……就……" as "since...then..."

  既然你累了，就别去打球了吧！

  既然家里已经有了这本书，我就不用再买了。

  既然旧的电脑还能用，那我就先用着吧。

字形 字义 字音

孩—该—刻	官—管	午—牛	饭—反	摸—模	肩—背
求—救—球	膀—旁	苦—古	跪—危	被—皮	勇—痛

女娲^{wā}造人

　　传说天地是盘^{pán}古打开的，世界上的高山大河、树木花草、风云雨雪也都是盘古变出来的。可是，那时候没有人。那么，人是怎么变出来的呢？

　　原来，人是补天的女神女娲造出来的。女娲听说盘古打开了天和地，就想亲^{qīn}眼看看这个世界。她来到世界上，看见世界是这么美好，心里非常喜欢。可是，她看来看去，好像总是觉得这世界上少了些什么。她想，让我来帮助这个世界，让它变得更加美好吧。

　　女娲从地上拿起一块黄土，用手一捏^{niē}，就捏成了一个小人。她小心地捏出了小人的鼻子、眼睛、和嘴巴，然后再把小人放到地上，拍拍他的肩膀，小人就蹦蹦跳跳地玩起来了。就这样，女娲不停地捏泥人，一个又一个的小人在女娲脚边又跑又叫，世界一下子热闹起来了。忽然，女娲心想："我这样一个一个地捏，实在太慢了，用什么办法，能让我做得快一些呢？"她找来一条绳子，沾^{zhān}上黄土，用力一甩，甩出去的泥点子一落地，一个一个都变成了小人。女娲甩呀甩呀，她造出了很多很多小人。小人慢慢长成了大人，大人又生了很多孩子。从此，世界上的人就越来越多了。

新字新词：一捏^{niē}　沾^{zhān}上

叶公好^{hào}龙

　　叶公是一个出名的喜欢龙的人。在他住的屋子里，墙上画着龙，柱子上也刻^{kè}着龙。他的衣服上绣^{xiù}着龙，桌子椅子上雕^{diāo}着龙，连吃饭的碗和筷^{kuài}子上，也都画着龙。一句话，叶公的家里，真可以说到处都是龙。

　　天上的真龙，听说叶公这么喜欢龙，非常高兴，就飞到叶公家里去。龙把头伸进南窗，把尾巴伸进北窗，以为叶公一定会很高兴。

　　没想到，叶公见到了真龙，吓得不得了，急忙躲了起来。

　　龙很伤心。它苦笑着对叶公说道：

　　"原来，你喜欢的不是真正的龙。你喜欢的，只是那些画在墙上，刻在柱子上的假龙啊！"

新字新词：好^{hào}(to like)　刻^{kè}着　绣^{xiù}着　雕^{diāo}着　筷^{kuài}子

让水流走

儿子和父亲一起坐在一条小船上。儿子坐在船头，父亲坐在船尾。

忽然，儿子感到船身摇摇晃晃的。他一回头，看到父亲很着急的样子。

"爸爸，出了什么事了，让您这么着急？"

"你难道没看见吗？你脚下有一个洞，河水直往船里流进来呢！"

"爸爸您别急，我有一个好主意。我们只要在船尾也挖一个洞，船头流进来的水，不就会从船尾那个洞流走了吗？"

谜 语

洗手，洗脸，又洗澡，
生来就爱吹泡泡(pào)，
人家越洗越干净，
它呀，越洗越瘦小(shòu)。

| 新字新词：泡泡(pào)(bubbles)　瘦小(shòu) |

谜底：肥皂

狐狸分饼

　　森林里，住着两只小熊。有一天，小熊对妈妈说："妈妈，让我们离开您，自己去看看外面的世界好吗？"

　　熊妈妈回答说："好，我答应你们。但是记住，出去以后，你们要互相帮助。"

　　小熊离开妈妈，走出了森林。走啊走啊，熊弟弟再也走不动了，说："哥哥，我肚子真饿呀！"熊哥哥说："唉，我比你更饿呢！"正说着，他们突然看见路旁有一块饼，兄弟俩高兴极了。可是，只有一块饼，两个人怎么吃呢？小熊拿着饼，为难了。

　　这时候，来了一只狐狸。它装出很关心的样子说："这没有什么难的，让我来替你们把饼分开，一人吃一半，不就行了？"小熊兄弟同意了。狐狸接过饼，把饼分成了两块，故意分得一块大，一块小。两只小熊一见，都连忙叫起来："我要那块大的！""我要那块大的！"

　　狐狸说："别急别急，你们俩都要大的那块，那么那块小的给谁呢？这样吧，现在我就来把饼分成一样大的两块。"狐狸把大的一块咬了一大口，这块饼就变得比小的那块还小了。它又把原来小的那块咬了一口，就又变得比这块小了……它就这样这块咬一口，那块咬一口，最后，两块饼都只剩下一点点了。狐狸把两小块饼给小熊，说："这下两块饼一样大了，你们吃吧。"说完，它就跑了。

　　小熊这才发现自己受了狐狸的骗。它们哭了起来：要是记住妈妈的话，不争着要大的，那该多好！

　　新字新词：记住　互相　帮助　兄弟俩　装出　故意

能干的猫和母鸡

　　张三和李四是好朋友。张三养(yǎng)了一只猫，李四养了一只母鸡。张三的猫很会捉老鼠，人人都夸(kuā)那只猫是只能干的猫。李四的母鸡很会下蛋，大家都夸那只母鸡是只能干的母鸡。

　　可是有一天，张三对他的猫说："你看李四家的母鸡天天下蛋，多好！从今天起，你别捉老鼠了，你也给我下蛋吧！"猫听了，感到非常为难，就说："我是猫，我的本领(běn lǐng)是捉老鼠。您要我下蛋，我实在办不到。"张三反问道："你为什么不能下蛋？不是人人都夸你是只能干的猫吗？你就试试吧！"

　　就在同一天，李四也对他的母鸡说："你看张三家的猫，天天捉老鼠，多好！从今天起，你别下蛋了，也给我捉老鼠吧！"母鸡听了，也感到非常为难，就说："我是母鸡，我的本领是下蛋，您要我捉老鼠，我实在办不到。"李四反问道："你为什么不能捉老鼠？不是人人都夸你是只能干的母鸡吗？你就试试吧！"

　　不管猫和母鸡怎么试，结果，猫还是不会下蛋，母鸡也还是不会捉老鼠。最后，张三和李四都很失望(shī)，都觉得自己的猫和母鸡真是太不能干了。

新字新词：养(yǎng)　夸(kuā)　能干　本领(běn lǐng)　失望(shī)

钱包的用处

妈妈给了燕燕两块钱。这是燕燕第一次得到钱，她高兴得不得了。

妈妈问燕燕："女儿，你打算用这些钱买什么呢？"

燕燕告诉妈妈："我打算用这两块钱买个钱包。"

妈妈又问："你买钱包有什么用呢？"

燕燕说："过去我没有钱，现在我有两块钱了，买了钱包，我好装这两块钱哪！"

谜 语

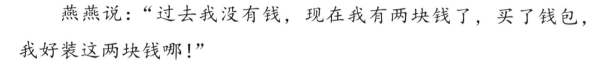

中间是画，

边上是牙，

走^{biàn}遍天下都靠它。

新字新词：走遍^{biàn}

二、穷和尚和富和尚

中国西部有个四川省，四川省的高山上，住着两个和尚。一个又胖又富，另一个又瘦又穷。

有一天，穷和尚问富和尚："我想去南海拜佛，你愿意和我一起去吗？"

富和尚听了，说："很久以来，我就一直想去南海拜佛。可是从四川到南海，要越过千山万水。我要找人替我造一条船，再买好一路上吃的用的东西。那可需要用很多钱哪！因为还有很多东西没有准备好，所以我到现在还没有去。你打算怎么去呢？"

穷和尚回答："我想，只要带一只碗，一根木棒，就够了。"

词 汇

穷和尚　富和尚　西部　四川省　又胖又富　另一个　又瘦又穷

南海　拜佛　愿意　越过　千山万水　打算　碗　木棒　够

很久　买好　需要　钱　因为　很多　准备　所以

生 字

qióng	shàng	fù	bù	chuān	shòu	bài	fó	wǎn	qián
穷	尚	富	部	川	瘦	拜	佛	碗	钱

富和尚听了，说："这么远的路，只带一只碗和一根木棒，怎么行呢？我看，你把事情想得太容易了！"

第二天，穷和尚告别了富和尚，带着一只碗和一根木棒，就出发了。他一路上翻山越岭，日夜不停地往前走。饿了，就向人家化缘，累了，就在破庙里休息。他相信，只要这样不断地走下去，就一定可以到达南海。一年以后，穷和尚经过千辛万苦，终于到达了南海。

又过了一年，穷和尚从南海回到了四川。富和尚却还没有准备好去南海呢。

穷和尚去拜访富和尚，说："我们不能一起去拜佛，实在很可惜。我送你一本我从南海带回来的佛经，请你收下。"富和尚非常惭愧地说：

"我现在才明白，什么叫做'有志者，事竟成'啊！"

词 汇

告别　带着　翻山越岭　日夜不停　饿了　化缘　累了　破庙

休息　相信　不断地　一定　一年　千辛万苦　终于　到达

拜访　可惜　送　一本　佛经　惭愧　有志者　事竟成

生 字

lǐng	huà	yuán	miào	xiāng	nián	xīn	zhōng	yú	dá	fǎng	xī	běn	zhì	zhě	jìng
岭	化	缘	庙	相	年	辛	终	于	达	访	惜	本	志	者	竟

"替"字的用法

- "替" as "for"：

  我要找人<u>替</u>我造一条船，再买好一路上吃的用的东西。

  我是来<u>替</u>爷爷请假的。

  请你<u>替</u>我把窗子打开，好吗？

  丽丽心爱的小狗生病死了，我们真<u>替</u>她难过。

- "替" as "to replace"：

  我有事要离开一会儿，你能来<u>替</u>我一下吗？

  这件事只有张强会做，谁也<u>替</u>不了他。

  小红病了不能来，我来<u>替</u>她吧！

因为......所以......

- 因为......所以...... (the formal and complete version, emphasizing both cause and effect)：

  <u>因为</u>还有很多东西没有准备好，<u>所以</u>我到现在还没有去。

  <u>因为</u>松鼠说河水很深，<u>所以</u>小马不敢过河了。

  <u>因为</u>他很喜欢游泳，<u>所以</u>他每天都去游。

- 用"就"取代 (to replace) "所以"：

  <u>因为</u>还有很多东西没有准备好，我<u>就</u>到现在还没有去。

  <u>因为</u>松鼠说河水很深，小马<u>就</u>不敢过河了。

  <u>因为</u>他很喜欢游泳，他<u>就</u>每天都去游。

- 省略 (omit) "所以" (emphasizing the cause)：

  <u>因为</u>松鼠说河水很深，小马不敢过河了。

  <u>因为</u>他很喜欢游泳，他每天都去游。

- 省略 (omit) "因为" (emphasizing the effect)：

  <u>松鼠</u>说河水很深，<u>所以</u>小马不敢过河了。

  他很喜欢游泳，<u>所以</u>他每天都去游。

"成"字的用法

- "成" as "to accomplish":

  "现在我才明白，什么叫做'有志者，事竟成'啊！"

  我们花了整整一个星期，终于把这个飞机模型 (model) 做成了。

  放学回家以后，先完成作业再玩，玩得更痛快 (joyful)。

  天气不好，看来下午我们打不成球了。

- "成" as "to become, to turn into":

  长着长着，小蝌蚪长成了小青蛙。

  蓝色加上黄色，就会变成绿色。

  糟了，我把"再"字写成"在"字了！

  你看！那一大块冰都化成水了！

  我和亮亮才认识三天就成了好朋友。

只要……就……

- "只要……就……" as "if only...then..."

  我想，只要带一只碗，一根木棒，就够了。

  他相信，只要这样不断地走下去，就一定可以到达南海。

  只要能跟着哥哥出去，弟弟就高兴了。

  我只要吃一碗饭就够了，可是弟弟却要吃三碗饭才够。

  只要雨一停，我们就可以去外面玩了。

字形　字义　字音

碗—豌　　整—正　　尚—淌—常　　岭—令—冷—今　　靠—造—告

相—想　　愿—原　　终—冬　　　　访—放—房—方　　惜—借—错

太阳山

从前有兄弟俩，哥哥很富，弟弟却
很穷。

有一天下午，弟弟正在地里忙着。
忽然，一只大鸟飞到他身旁，对他说：
"小伙子，你想不想到太阳山去看看？"
弟弟说："当然想啊！""那好，你就骑在我的身上，我来带你去。"

大鸟带着弟弟来到太阳山。弟弟一看，呀，满地都是金子！
大鸟说："小伙子，你可以拿几块金子回去，但是不要拿太多。
太阳很快就要回来了，你不能在这里留太久。"弟弟拿了两小块
金子，就骑着大鸟回家了。有了金子，他的日子慢慢好起来。

这件事被哥哥知道了，他来到弟弟的地里。大鸟又飞来了。
它问哥哥："小伙子，你想不想到太阳山去看看？"哥哥说：
"当然想！""那好，你就骑在我的身上，我来带你去。"

大鸟带着哥哥来到了太阳山。大鸟说："小伙子，你可以拿
几块金子回去，但是不要拿太多。太阳很快就要回来了，你不能在
这里留太久。"哥哥拿出早已准备好的袋子，开始往里面装金子。
装啊装啊，大鸟说："我们得走了！太阳马上要回来了！"哥哥好像
没有听见大鸟的话，还在那里装。大鸟又催他说："快走吧，你不走，
我可要走啦！"哥哥说："等等！我还没装够！"

这时候，太阳回来了。大鸟呼的一下就飞走了，哥哥因为
赶不上大鸟，就被火热的太阳烧死了。

新字新词：骑 呼 烧

斧子和锯子

斧子和锯子分别了很久。有一天，它们俩又碰见了。

斧子一看见锯子，就吃惊地问："锯子老弟，你年纪不大，怎么牙齿却掉了不少啊？"

锯子摇摇头，叹了口气，难过地说："唉，我的主人把我当砍刀砍木头，你说，我的牙齿怎么能不掉呢？"

锯子说着，抬起头看了斧子一眼，也大吃了一惊："咦，斧子大哥，这是怎么回事？您的口上怎么长出许多牙齿来了？"

斧子生气地说："我的主人比你的主人好不了多少，他常常用我的口当锤子锤铁块，因此，我的口上就长出牙齿来啦！"

再好的工具，如果用错了，也会变成没有用的东西。

新字新词：年纪　好不了　锤子　铁块

第三个包子

有一天中午，张三从外面回来，肚子饿得很。他看见桌子上放着一大碗包子，拿起一个来就往嘴里送，三口两口就吃完了。可是他觉得还没有吃饱，就又吃了一个，可还是不够饱。他就又再吃了一个，这才吃饱了。张三摸摸自己的肚子，觉得很舒服。他点了点头，心里很满意。

可是，不一会儿，他又摇起头来说："不对，不对，我真傻啊！早知道这第三个包子能吃饱肚子，那我为什么要去吃前面的那两个包子呢？"

新字新词：满意

谜 语

十个和尚拉袋口，
（hé shang）

五个和尚往里走。

谜底：洗袜子

阿凡提借锅^{guō}

从前有一个做官的人，家里很富有。他虽然很有钱，但是非常小气。他只想要人家的东西，却不肯帮助别人。他家的东西，从来不愿意借给别人。有一天，阿凡提求了他很久，终于从他那里借到了一只锅子，说好第三天就还^{huán}回来。

第二天，阿凡提拿着一只小锅子，喜气洋洋地来到了那家人家。他一进门就高声喊："恭^{gōng}喜！恭喜！昨天晚上，您家的大锅生了孩子！"那人白白地得到一只锅子，很高兴，就对阿凡提说："你明天不用还我那只大锅子了，就让它在你家里多留些日子，为我多生几只小锅子吧！"

过了几天，阿凡提又来了。他对那人说："不好了！您家的大锅子昨天死了！我真替你难过。"

"胡说！锅子怎么可能会死？你骗人！"

"啊，亲爱的老爷，有生就有死。既然锅子会生孩子，那它为什么不会死呢？"听了阿凡提的话，那人什么话也说不上来了。

新字新词：锅^{guō} 小气 还^{huán}回来 恭^{gōng}喜 白白地

曹冲救人（上）

　　曹操的小儿子叫曹冲。曹冲又聪明，又好心，很愿意帮助别人。

　　有一次，一个替曹操管仓库(cāng kù)(storage)的人发现，曹操心爱的马鞍(ān)(saddle)被老鼠咬破了。那人想，曹操是个很严厉(yán lì)的人，我要是把这件事告诉曹操，他生了气，说不定会把我给杀(shā)了。可是，马鞍是常常要用的，又没有办法不让曹操知道。那人越想越着急，就哭了起来。别人知道了，也都替他担心(dān)，可是谁也帮不了他的忙。

　　曹冲那时候才十岁。他听到了这件事，就跑去对那人说："你别害怕。后天中午你去见我爸爸的时候，报告他马鞍被老鼠咬破了的事，到时候，我会有办法救你。"

　　那人听了半信半疑，但是又没有别的办法，只好答应照曹冲说的办。

　　曹冲回到家里，用剪刀(jiǎn)在自己的衣服上剪了几个小洞，看上去跟老鼠咬的一模一样。到了第三天中午，曹冲就穿了这件剪破了的衣服，装作很不高兴的样子，走到了曹操跟前。

新字新词：仓库(cāng kù)　马鞍(ān)　严厉(yán lì)　担心(dān)　剪刀(jiǎn)　一模(mó)一样　跟前

曹冲救人（下）

曹操看见了，就问："冲儿，你今天为什么不高兴啊？"

曹冲指着自己的衣服，说："爸爸，您看，我的衣服被老鼠咬破了。别人都说，老鼠咬破了衣服，人可是要生大病的。"

曹操听了就笑着说："冲儿，那是骗人的，你别信那话。好好玩去吧！"正说着，管仓库的那个人进来了。他一进门就跪下来，报告说马鞍被老鼠咬破了，请求曹操处罚(chǔ fá)他。

这事要是发生在平时，曹操早就大发脾(pí)气了，可是这一次，他不但没有生气，反而(ér)哈哈大笑起来。曹操笑完了，说："嘿，老鼠嘛，谁还管得住它咬东西！你看我儿子的衣服，天天穿在身上，都被老鼠咬破了，更不用说放在仓库里的马鞍子了。老鼠咬破了马鞍，不是你的错，哪能怪你呢？"

结果(jié guǒ)，曹操果然没有处罚那个管仓库的人。

新字新词：请求 处罚(chǔ fá) 大发脾(pí)气 不但 反而(ér) 怪你 结果(jié guǒ)

（谜 语）

小风吹，吹得动，
大刀砍，没有缝(fèng)。

谜底：水

三、要是你在野外迷了路

要是你在野外迷了路，
可千万别慌张，
大自然有很多天然的指南针，
会告诉你准确的方向。

太阳是个忠实的向导，
它在天空给你指引方向：
中午的时候它在南边，
地上的树影正指着北方。

要是碰上阴雨天，
大树也会来帮忙：
枝叶密的一面是南，
枝叶稀的一面是北方。

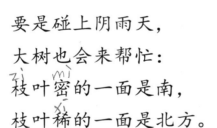

雪特别怕太阳，
向北的比向南的融化得慢。
看一看沟里的积雪，
就知道哪儿是北，哪儿是南。

北极星是盏指路灯，
它永远高挂在北方。
只要你能认出它，
就不会在黑夜里乱闯。

要是你在野外迷了路，
可千万别慌张，
大自然有很多天然的指南针，
只要你细细观察，多多去想。

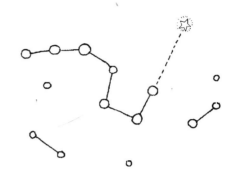

词汇

野外　迷路　慌张　大自然　天然　指南针　告诉　准确

方向　忠实　向导　指引　树影　北方　阴雨天　帮忙　密

稀　盏　指路灯　永远　高挂　认出　乱闯　特别　融化

沟里　积雪　观察

生字

mí	què	zhōng	dǎo	yǐn	yǐng	běi	yīn
迷	确	忠	导	引	影	北	阴

mì	xī	zhǎn	yǒng	luàn	chuǎng	tè	róng	jī
密	稀	盏	永	乱	闯	特	融	积

"要是" 的用法

- "要是" as "if"：

  要是你在野外迷了路，可千万别慌张。

  要是碰上阴雨天，大树也会来帮忙。

  要是那个穷和尚听了富和尚的话，他就到不了南海了。

  要是你带着指南针，就不容易迷路了。

- "要是" and "如果" are of same meaning, but "如果" sounds more formal：

  如果你在野外迷了路，可千万别慌张。

  如果碰上阴雨天，大树也会来帮忙。

  如果那个穷和尚听了富和尚的话，他就到不了南海了。

  如果你带着指南针，就不容易迷路了。

- "要不是" as "if ... (to be) not"：

  要不是我在山上迷了路，我早就到家了。

  要不是你做题目的时候粗心，你是不会算错的。

  要不是下雨，这个周末 (weekend) 我们就去露营 (to camp) 了。

反义词

南—北	东—西	密—稀	慢—快	深—浅
瘦—胖	远—近	穷—富	香—臭	响—轻
困难—容易	缺少—足够	勇敢—胆小	高兴—生气	

字形 字义 字音

迷—谜—米	虽—谁	引—蚓	阴—阳	忠—中
挂—娃—蛙	密—蜜	雨—需	观—现	

自己害自己

河的中间有一个小岛，岛上长着一棵桃树，树上结满了红红的桃子。

狐狸想吃桃子，可是过不了河。猴子想吃桃子，也过不了河。狐狸和猴子决定一起想办法过河去。它们用了很大的力气，扛了一根木头来，从岸边架到小岛上，做成了一座桥。

但是，这桥太窄了，狐狸和猴子不能同时走。狐狸说："让我先过去，你再过去吧。"猴子答应了。

谁知道狐狸到了岛上，一转身，就故意把木头推到河里去了。它哈哈大笑着对猴子说："朋友，请回吧！我不想和你分这些桃子！"

猴子听了非常生气，可是它马上笑起来说："哈哈，你能吃到桃子，但是，你永远回不来啦！"

狐狸这才着急起来，只好求猴子："猴子，我们是好朋友，请你想个办法让我回去吧！"猴子连一句话也不说，转身走开了。

> 新字新词：岛 架到 推

方向不对

有一个人，要从北京到南京去。
南京在南方，可是不知道为什么，他
却开着车往北去。路上有人告诉他
说："朋友，你走错了！南京明明在
南方，你怎么往北开呢？"

那人回答说："不要紧，我的车很好，跑得也特别快！"

"不管你的车有多好，能跑得多快，可是你往北方走，
是到不了南京的！"

"不要紧，我开车的本领很大，什么样的路都能开！"

"你开车开得再好也没用，方向不对，你是到不了南京的！"

"不要紧，我还带了不少钱呢！"

那人并没有认识到自己的错误，还是朝着错误的方向开车。
可是，谁都知道：他的车越好，他开车的本领越大，他带的钱
越多，那只会让他离南京越远了。

新字新词：北京　不要紧　不管　认识　错误

<ruby>蘑菇<rt>mó gu</rt></ruby>长在哪里

一天，有人送给小明家一些蘑菇。

蘑菇放在桌上，小明拿着左看右看，忽然问道："爸爸，蘑菇是不是长在阴天多雨的地方？"

爸爸说："是啊，你怎么知道的？"

小明指着蘑菇回答说："那还不容易，你没看见它们个个长得都像把伞吗？"

谜 语

生在水中，却怕水冲，
让水一冲，没影没<ruby>踪<rt>zōng</rt></ruby>。

新字新词：蘑菇　没影没<ruby>踪<rt>zōng</rt></ruby>

四、找骆驼

　　有一个商人，走丢了一头骆驼。他找了好多地方都没找到，心里十分着急。这时候，他看见前面走来一位老人，就赶紧迎上去问道："老人家，您有没有看见一头骆驼？"

　　老人问道："你说的那头骆驼，是不是一只左脚受了伤，走路有点跛？"

　　"是的，是的！"

　　"骆驼背上，是不是左边驮着蜜，右边驮着米？"

　　"不错，不错！"

　　"那头骆驼是不是缺了一颗牙齿？"

　　"对极了！请问，您看见它往哪里去了？"

　　老人说："那我可不知道！"

　　商人不高兴了，说："我不相信！一定是您把我的骆驼藏起来了。要不，您怎么会说得这么详细？"

　　老人不紧不慢地说："你生什么气呢？你听我说，我刚才看见路上有骆驼的脚印，右边的比较深，左边的比较浅。左边的脚印旁边，还有血迹。所以我就知道骆驼的左脚一定是受了伤，有点跛。我又看见路的左边有一些蜜，右边有一些米，所以我想骆驼驮的一定是这两样东西。我还看见骆驼咬过的树叶，上面留下了牙齿印，所以知道它缺了一颗牙齿。至于骆驼究竟往哪里去了，我真的不知道。你必须顺着它的脚印去找。"

　　商人听了，就照着老人的指点，继续一路找去，果然很快就找到了他的那头骆驼。

词汇

骆驼　　商人　　走丢　　一位　　赶紧　　迎上去　　受了伤　　跛　　驮着

不错　　缺　　对极了　　藏起来　　详细　　不紧不慢　　比较　　深　　浅

血迹　　咬过　　牙齿印　　至于　　究竟　　必须　　顺着　　脚印　　指点

继续　　果然

生字

shāng	yíng	bǒ	tuó	jǐn	xiáng	jiào	jì	zhì	jiū	bì	xū	shùn	jì	xù
商	迎	跛	驮	紧	详	较	迹	至	究	必	须	顺	继	续

"十分"的用法

- "十分" as "very"：

那个商人丢了骆驼，心里<u>十分</u>着急。

听说奶奶要从中国来看我们，我们<u>十分</u>高兴。

这本书我很喜欢，所以看得<u>十分</u>仔细。

下了好几天的大雪，外面<u>十分</u>冷。

他刚才过马路的时候差一点被汽车碰到，<u>十分</u>危险。

"是不是"的用法

- 用"是不是"来问问题：

桌子上的西瓜<u>是不是</u>你切开的？

春天来了，你<u>是不是</u>觉得很舒服？

今年春节你<u>是不是</u>会去中国？。

我们快要出发了，大家<u>是不是</u>都准备好了？

画画<u>是不是</u>很难？

"比较"的用法

- "比较" as "fairly, comparatively"：

他走路走得<u>比较</u>快，应该会比我们先到学校。

今天爸爸<u>比较</u>空，所以他有时间和我们一起去打网球 (tennis)。

小明的家住得<u>比较</u>远，可是他每天到学校的时间却很早。

在北半球 (the Northern Hemisphere)，大树南面的树叶<u>比较</u>密，北面的树叶<u>比较</u>稀；在南半球，就正好相反。

字形 字义 字音

骆—各 驼—它 丢—去 跛—破 浅—钱 咬—较 详—洋—羊

缺—决 必—心 继—断 续—读 究—九 往—住 比—此—<u>些</u>

童 话

青蛙搬家

　　一对大雁和一只青蛙是最好的朋友。它们一起在湖边住了很久，亲热得就像是一家人。有一年，一直不下雨，湖水慢慢干了，眼看就要没水喝了。大雁想飞到有水的地方去，但是又舍(shě)不得把青蛙留下来。怎么办呢？青蛙不能飞，要带青蛙走，这可不是一件容易的事。

　　青蛙非常聪明，它想了想就说："用一根小棒子，你俩咬着两头，我咬着中间，你们一飞，不就可以把我带走了吗？"

　　大雁觉得这个主意很好，就决定立刻动身。就这样，两只大雁用嘴咬着小棒的两头，青蛙用嘴咬着小棒的中间，它们在天空里飞了起来。地上的人看见了，都很奇怪。人们喊着："快来看哪，大雁带着青蛙飞，真有办法！"

　　青蛙心想："这是我想的办法呀，怎么说是大雁的办法呢？"它们继续往前飞，又有许多人看见了。大家都惊奇地喊着："快来看哪，大雁带着青蛙飞，真有办法！"

　　青蛙心想："这是我想的办法呀！"这一次，青蛙差一点说出了口。

　　它们飞呀飞，有更多更多的人看见了。更多的人在惊奇地喊着："快来看哪，大雁带着青蛙飞，真有办法！"青蛙再也忍(rěn)不住了："这是我……"它刚一张嘴，就从天上掉下来，摔(shuāi)死了。

新字新词：一对　亲热　舍(shě)不得　惊奇　差一点　忍(rěn)不住　摔(shuāi)死

瞎子和跛子

有一个瞎子要到朋友家去。他拄（zhǔ）着一根棍（gùn）子，摸索（suǒ）着往前走。开始的时候是平地，走着走着，他遇到了一段（duàn）山路。山路高低不平，弯弯曲（qū）曲的，他分不清路在哪里，实在没法再走了。

这时候，来了一个跛子，瞎子就请求跛子帮助他。跛子说："我怎么能帮你呢？我是一个跛子啊！这山路高高低低的，我怕自己都走不过去呢！你的两只脚不是都很好吗？"

瞎子说："我的两只脚是都很好，可是我看不见哪！只要能看见路，我就可以走。"

跛子说："呵，那么咱们可以互相帮助嘛。如果你把我背在你的背上，我就可以当你的眼睛，那你就可以当我的脚！"

"好，"瞎子说，"我们就互相帮助吧。"结果，瞎子背着跛子，他在跛子的指引下，一步一步地走过了这段难走的山路。

新字新词：瞎（xiā）子 拄（zhǔ）着 棍（gùn）子 摸索（suǒ） 一段（duàn） 弯弯曲（qū）曲

什么叫做丢了东西？

　　小红跟妈妈坐船去看大海。在大海上，小红玩着妈妈的皮包，一不小心皮包掉到海里去了。

　　小红知道皮包是妈妈心爱的东西，现在丢了，妈妈一定会很生气。这可怎么办呢？

　　她轻轻地走到妈妈身边，问："妈妈，什么叫做丢了东西？"

　　妈妈回答说："一件东西，要是你不知道它在哪里，那就是丢了。"

　　"那么，如果我知道它在哪里，算不算丢了呢？"

　　"那当然不算。"

　　"啊，那太好了！"小红高兴得叫起来，"您的皮包没有丢，我知道它现在在海里！"

> 新字新词：算　不算　算不算

小时候用四条腿，

长大了用两条腿，

变老了用三条腿。

答案：人

五、岳飞学写字

八百多年以前，中国有一位百战百胜的将军，他的名字叫岳飞。

岳飞很小的时候，父亲就死了。他家里很穷，靠母亲织布来养活他。岳飞六岁了，他知道家里没有钱让自己上学校，就对母亲说："妈妈，您做我的老师，教我读书写字，好不好？"母亲听了，高兴地说："好啊！"可是，家里没有纸和笔，怎么学写字呢？

有一天，母亲拿着新织成的布，对岳飞说："孩子，你到街上去把这布卖了，再买些纸和笔回家来，我来教你学写字。"

词 汇

岳飞　学写字　百战百胜　将军　名字　父亲　死了　母亲
织布　养活　六岁　学校　自己　做　老师　教　读书　纸　笔
新织成　街上　卖了　买些

生 字

yuè	zhàn	shèng	mǔ	zhī	yǎng	xiào	jiāo	suì	shī	mài	zhǐ	jiē
岳	战	胜	母	织	养	校	教	岁	师	卖	纸	街

　　岳飞到了街上，把布卖了，却没有去买纸和笔。他跑到一条大江边，装了满满一簸箕的沙，又找了几根树枝，插在沙上面。然后，他双手捧着簸箕，高高兴兴地回家了。岳飞把簸箕放在门口，把卖布得来的钱全部交给了母亲。母亲奇怪地问："我不是让你用这钱去买纸和笔的吗？难道你忘了？"

　　岳飞说："妈妈您来看，我的纸和笔都有了。"

　　母亲看到簸箕里的沙和树枝，立刻明白了。从此，她就把沙铺在地上当作纸，用树枝当作笔，每天教岳飞写字。岳飞长大以后，不但成了一位勇敢的将军，而且还是中国历史上很了不起的诗人呢！

───────────── 词 汇 ─────────────

却　　大江　　装了　　满满　　簸箕　　沙　　树枝　　插在　　双手　　捧着

全部　　交给　　难道　　忘了　　立刻　　明白　　从此　　铺在　　当作

每天　　不但　　而且　　历史　　了不起　　诗人

───────────── 生 字 ─────────────

簸 箕 沙 插 双 捧 全 交 铺 而 且 历 史

"养" 字的用法

- "养" as "to support":

  岳飞家里很穷，靠母亲织布来<u>养活</u>他。

  我知道爸爸妈妈挣钱<u>养家</u>很不容易。

- "养" as "to raise":

  他家<u>养</u>的金鱼非常漂亮。

  我相信我能把我的小兔子<u>养</u>大。

  你喜欢<u>养</u>小动物吗？

- "养成" as "to form":

  妈妈让我<u>养成</u>先做作业再玩的好习惯 (custom, habit)。

  我从小<u>养成</u>了早睡早起的习惯。

  要是你<u>养成</u>了一个坏习惯，改起来就不容易了。

多音字 "教"..

- "教" (jiāo) as a verb, "to teach":

  岳飞的妈妈准备自己<u>教</u>儿子学写字。

  我妈妈<u>教</u>我学中文。

  没有谁<u>教</u>他，他自己学会了跳绳。

- "教" (jiào) as a noun, "teaching":

  有一次上课的时候，李白从<u>教室</u>里溜出来。

  我长大了想当<u>教师</u> (teacher)，妹妹长大了想当医生。

多音字 "了"

- "了^{le}" to indicate that something has finished：

  穷和尚终于到达了^{le}南海。

  聪明勇敢的甘罗救了^{le}他爷爷。

- "了^{le}" to indicate that something has happened or changed：

  一年没见，奶奶说我长高多了^{le}。

  天气越来越冷了，我们需要穿更多的衣服了^{le}。

- "不得了^{liǎo}" as "terrible, horrible" or "very"：

  不得了^{liǎo}了^{le}，船里进水了！

  不得了^{liǎo}了^{le}，你的手指出血了^{le}！

  在小松鼠眼里，那条河深得不得了^{liǎo}。

  我的脚受^{shòu}了^{le}伤^{shāng}，痛得不得了^{liǎo}。

- "了^{liǎo}不起" as "great"：

  李白是中国历史上一位了^{liǎo}不起的诗人。

  这么大的一幢房子，才半个月就造好了，真了^{liǎo}不起！

- Verb + "得了^{liǎo}" or "不了^{liǎo}"：

  这么多的东西，你拿得了^{liǎo}吗？

  这件事不难，我一定能做得了^{liǎo}。

  天气这么热，又没水喝，他实在受不了^{liǎo}了^{le}！

  胖和尚以为瘦和尚去不了^{liǎo}南海。

字形　字义　字音

养—羊	买—卖	学—字	纸—低—底	江—扛
捧—棒	历—厉	忘—忙	交—较—校	

猴子学样（上）

一个编草帽的老爷爷，挑着一担新编
好的草帽去街上卖。走到半路上，老爷爷
累了，就放下担子，坐在大树下休息，
他不知不觉睡着了。

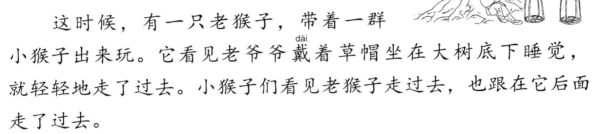

这时候，有一只老猴子，带着一群
小猴子出来玩。它看见老爷爷戴着草帽坐在大树底下睡觉，
就轻轻地走了过去。小猴子们看见老猴子走过去，也跟在它后面
走了过去。

老猴子拿起了老爷爷身旁的草帽，学老爷爷的样子，戴在
自己的头上。小猴子们看见老猴子戴草帽，也各自拿了一顶
草帽戴在头上。

老猴子戴着草帽，爬上了大树。小猴子戴着草帽，也跟着它
爬上了大树。大家你看看我，我看看你，从这边的树枝，跳到
那边的树枝，又叫，又笑，把老爷爷吵醒了。

老爷爷一看，唉呀！身边的草帽一顶也没有了！他立刻跳起
来，东找西找，却一顶草帽也没看见，也不见一个人。他急得
不知怎么办才好。

躲在树上的猴子看见老爷爷这样着急，就高兴地叫了起来。
老爷爷抬起头，看见大树上坐着一群猴子，每只猴子头上，
都戴着一顶他编的草帽。

老爷爷气极了，他指着猴子们大声说："你们这些猴子，
赶快把草帽还给我！"

新字新词：编草帽　不知不觉　戴　一顶

猴子学样（下）

　　树上的猴子看着树下的老爷爷，一点也不害怕。它们还是在树上跳来跳去，谁也不肯把草帽还给老爷爷。

　　老爷爷更气了，指着猴子大声骂着："你们这些坏东西，再不把我的草帽还给我，我就把你们都捉起来！"

　　猴子们看老爷爷指手划(huà)脚地骂着，它们也学着样子，指手划脚地叫起来，却没有一个肯把帽子还给老爷爷。

　　老爷爷更急了，他一边摇晃(huàng)着拳(quán)头，一边跺(duò)着脚说："你们快把草帽还给我！再不还，我真的就要把你们全部抓起来啦！"

　　猴子们也学着老爷爷的样子，摇晃着拳头，跺着脚，大声叫着。可是，还是没有一个肯把帽子还给老爷爷。老爷爷看见猴子又在学他的样子，脑筋(nǎo jīn)一动，说："有了！有了！有办法了！"他把戴在自己头上的草帽摘了下来，用力往地上一摔，叹了口气说："唉，真是气死我了！真是气死我了！"

　　猴子们看见了，也学着老爷爷的样子，一个个地把草帽用力摔下来，嘴里还吱吱地叫着。

　　老爷爷赶忙把猴子扔到地上的草帽捡(jiǎn)了起来，装到担子上。然后，他挑起担子就到街上去了。

新字新词：指手划(huà)脚　拳(quán)头　跺(duò)着脚　脑筋(nǎo jīn)　捡(jiǎn)起来

幽 默

"一"字长大了

父亲教儿子认字，先用笔在纸上写了个"一"字给他认，儿子马上记住了。

第二天吃完了早饭，父亲用手指^{zhàn}蘸了水，在桌子上又写了个"一"字，问："儿子，你看这是什么字？"

儿子看了半天，摇了摇头说："我不知道。"

父亲说："你怎么就忘了呢？这不是我昨天夜里教你的'一'字吗？怎么就不认识了？"

儿子看着父亲，说："我哪里知道，我只睡了一觉，这个字就长得这么大了！"

> 新字新词：蘸^{zhàn}

谜 语

我的马儿两只脚，
不喝水，不吃草，
天天骑它上学校。

（谜底：自行车）

后羿射日（上）
_{hòu yì shè}

　　说起来你可能不相信，古时候有一段时间，天上突然出现了十个太阳。

　　这究竟是怎么回事呢？原来，传说太阳的母亲生了十个儿子，他们住在海外东方的一个叫做汤谷的地方。汤谷是一个大水池，太阳十兄弟天天在汤谷里洗澡，玩耍，累了就在水池中间的一棵大树上休息。

　　天帝命令太阳兄弟，每天都要派一个到人间去做工。做工的太阳清晨从东方升起，傍晚从西方落下去。也就是说，每个太阳，每十天就能到人间去一次。太阳走过天空，给世界光和热。

　　比起汤谷，人间真是有意思多了，高高的山岭，无边的大海，茂密的森林，美丽的花草，还有数不清的可爱的小动物。太阳兄弟都非常喜欢人间，可是他们要等上十天，才能到世界上去一次。

　　一天，一个太阳说："汤谷这个地方太没意思了，可是十天倒有九天要我们留在这里，我可真受不了。"

　　"是啊，好玩的地方不让我们天天去，真是没有道理！你们说，明天我们一起出去玩个够，怎么样？"另一个太阳接着说。

　　"好啊！好啊！"别的太阳都同意。第二天，十个太阳不听天帝的命令，就一起跑到世界上空去了。

新字新词：	后羿	射日	汤谷	玩耍	傍晚	受不了	同意

后羿射日（下）

　　太阳兄弟们一起出现在天空，他们在世界上玩得高兴极了，谁也不愿意回汤谷了。十个太阳从不同的方向射下光来，照得大地上没有一点阴影。世界上越来越热，草木晒（shài）死了，河水晒干了，人热得喘（chuǎn）不过气来，都纷纷躲进山洞里，不敢出去了。天帝知道了这个情况，非常生气。他叫来一个名叫后羿的勇士，对他说：“我给你一把红色的弓（gōng）和一袋白色的箭（jiàn），你马上到人间去处罚（fá）那些太阳吧！”

　　后羿接受了天帝的命令，马上来到了人间。后羿看到人们在炎（yán）热的太阳下受苦，非常难过。他抬头看着正在天上玩耍的太阳，立刻拿出箭，拉开弓，“飕（sōu）”的一声，一枝箭飞快地向太阳们飞去。只听见一声巨响，一个大火球从天上落下去了。后羿射得又快又准，“嗖嗖嗖（sōu）”，太阳一个个地落了下来。

　　当后羿拿出第十枝箭的时候，他听见了天帝的声音：“请停下来！太阳对人间是有好处的，只是太多了才带来害处。现在只剩下一个太阳了，你别再射了。”

　　天帝命令最后的那个太阳，必须每天到世界上去，把光和热送给人们。太阳当然马上就答应。人们请后羿留在人间和他们一起生活，后羿也高兴地答应了。

新字新词：勇士　处罚（fá）(punish)　弓（gōng）　箭（jiàn）　炎热（yán）　嗖（sōu）　巨响　好处　害处

五十步笑一百步

两个国家的军队正在打仗，有两个胆小的士兵 (soldier)，却生怕在战斗中丢了命，转身就往后跑。他们跑啊跑啊，一个跑得快，跑了一百步就停了下来。另一个跑得慢些，只跑了五十步，也停了下来。

跑了五十步的那个士兵嘲笑那个跑了一百步的士兵说："你的胆子太小了，竟然跑了一百步！"

跑了一百步的士兵说："我的胆子是小，可你的胆子也不大呀，要不，你为什么也逃跑了呢？"

跑了五十步的那个士兵说："可是我才跑了五十步呀！"

跑了一百步的那个士兵就说："跑了五十步，那也是跑了呀！"

一个真正勇敢的士兵，怎么会在战场上逃跑呢？

新字新词：	士兵	生怕	战斗	嘲笑	竟然	战场

（谜　语）

你说话，它记下，
请它读一遍，
全是你的话。

总生字表

一、公鸡蛋（34）

dàn	gān	luó	mào	huáng	dì	guān	yé	xiāng	zhù	mō	jiān	tàn	kǔ	lìng	wǔ	zhī	nèi	shí	suī	gǎi	zhǔ
蛋	甘	罗	茂	皇	帝	官	爷	香	助	摸	肩	叹	苦	令	午	之	内	实	虽	改	主

gōng	jìng	tì	jià	huāng	xiǎng	chǔ	qiú	yǒng	gǎn	kè	jiù
恭	敬	替	假	慌	响	楚	求	勇	感	刻	救

二、穷和尚和富和尚（26）

qióng	shàng	fù	bù	chuān	shòu	bài	fó	wǎn	qián
穷	尚	富	部	川	瘦	拜	佛	碗	钱

lǐng	huà	yuán	miào	xiāng	nián	xīn	zhōng	yú	dá	fǎng	xī	běn	zhì	zhě	jìng
岭	化	缘	庙	相	年	辛	终	于	达	访	惜	本	志	者	竟

三、要是你在野外迷了路（17）

mí	què	zhōng	dǎo	yǐn	yǐng	běi	yīn	mì	xī	zhǎn	yǒng	luàn	chuǎng	tè	róng	jī
迷	确	忠	导	引	影	北	阴	密	稀	盏	永	乱	闯	特	融	积

四、找骆驼（15）

shāng	yíng	bǒ	tuó	jǐn	xiáng	jiào	jì	zhì	jiū	bì	xū	shùn	jì	xù
商	迎	跛	驮	紧	详	较	迹	至	究	必	须	顺	继	续

五、岳飞学写字（26）

yuè	zhàn	shèng	mǔ	zhī	yǎng	xiào	jiào	suì	shī	mài	zhǐ	jiē
岳	战	胜	母	织	养	校	教	岁	师	卖	纸	街

bò	jī	shā	chā	shuāng	pěng	quán	jiāo	pū	ér	qiě	lì	shǐ
簸	箕	沙	插	双	捧	全	交	铺	而	且	历	史

（合计 118 字，累计 931 字）

马立平课程

中 文

三 年 级
第三单元

编写　马立平

审定　庄　因

插图　陈　毅

一、光阴一去不复返

　　花儿谢了，有再开的时候；叶子落了，有再长的时候，只有光阴是一去不再回来的。

　　小朋友，你也许还没有注意到光阴是怎样过去的吧！它是不声不响、匆匆忙忙地过去的。你躺着休息，它便从你的床边，悄悄地溜过去了；你坐着读书，它便从你的桌旁，不知不觉地走过去了。你在操场上打球，你在草地上游戏，它便从你的欢笑声中跑过去了。小朋友，你有没有觉察到呢？

　　看看那挂在墙上的钟吧！你总可以听见它"嘀嗒""嘀嗒"的响声吧？你一定知道，一个"嘀嗒"，就是一秒钟的时间。你或许以为，每个"嘀嗒"花去的时间都很短吧？你或许会说，短短的一分钟里，就有六十秒钟呢！可是你有没有想过，无限长的时间，就是这样"嘀嗒""嘀嗒"，一分一秒地过去的。

词 汇

光阴　复返　谢了　落　也许　注意　不声不响　匆匆忙忙

躺着　休息　便　床边　悄悄　溜过去　桌旁　不知不觉

操场　打球　游戏　欢笑　觉察　墙上　钟　嘀嗒　或许

响声　一定　一秒钟　一分钟　时间　很短　无限

生 字

fù	fǎn	zhù	cōng	tǎng	qiāo	biàn	chǎng	zhōng	dī	dā	miǎo	huò	xiàn
复	返	注	匆	躺	悄	便	场	钟	嘀	嗒	秒	或	限

你愿意做一个实验吗？就请你来写个"光阴"的"光"字吧。

当你打开本子的时候，第一个"嘀嗒"过去了；当你拿起笔的时候，第二个"嘀嗒"也过去了；当你开始写的时候，第三个，第四个"嘀嗒"又都过去了。

小朋友，一个"嘀嗒"的时间似乎很短，使你以为它能做的事实在太少了。可是你知道吗，世界上有许多伟大的人物，都是因为善于利用每一个"嘀嗒"的时间，才获得成功的呢！所以人们常说："一寸光阴一寸金，寸金难买寸光阴。"又说："少壮不努力，老大徒伤悲。"我们每个人，都要懂得爱惜时间才好。

--- **词 汇** ---

愿意　实验　当你　第一个　拿起笔　开始　似乎　使你　实在

许多　伟大　人物　因为　善于　利用　获得　成功　一寸

少壮　努力　老大　徒　伤悲　懂得　爱惜

--- **生 字** ---

shǐ	yàn	sì	hū	shàn	lì	huò	gōng	cùn	zhuàng	nǔ	tú	bēi	dǒng
使	验	似	乎	善	利	获	功	寸	壮	努	徒	悲	懂

可能　也许　或许

● "可能"、"也许"、"或许" All mean "perhaps, probably , maybe". Usually, one can replace the other. Among them, however, "可能" is most colloquial, "或许" is most literary, and "也许" is in between:

你<u>也许</u>还没有注意到光阴是怎样过去的吧？

你<u>或许</u>还没有注意到光阴是怎样过去的吧？

你<u>可能</u>还没有注意到光阴是怎样过去的吧？

爸爸打电话回来说，今天他<u>可能</u>会晚回家。

天气这么不好，我想他<u>也许</u>来不了了。

在很久以前，美洲(America)和非洲(Africa)<u>或许</u>是连在一起的。

měi zhōu　　　　　fēi zhōu

或　或者

● "或"、"或者" as "or, either ... or ...":

你在我房间里休息一下吧，躺一会儿<u>或</u>坐一会儿都可以。

你在我房间里休息一下吧，躺一会儿<u>或者</u>坐一会儿都可以。

妈妈说我只能养一种小动物，兔子<u>或</u>金鱼都可以。

妈妈说我只能养一种小动物，兔子<u>或者</u>金鱼都可以。

今年<u>或</u>明年，我一定会去一次中国。

今年<u>或者</u>明年，我一定会去一次中国。

像声词

● 你总可以听见它<u>"嘀嗒""嘀嗒"</u>的响声吧？

<u>"哇!"</u>乌鸦刚一张嘴，肉就掉下来了。

<u>轰隆隆! 轰隆隆!</u> 打了一阵响雷，很快就<u>哗哗</u>地下起大雨来了。

小狗<u>汪汪</u>叫，小猫<u>喵喵</u>叫，公鸡<u>喔喔</u>啼。

大风<u>呼呼</u>地吹着，天气真是越来越冷了。

王老师的笑话，听得大家<u>哈哈</u>大笑。

似乎　好像

- "似乎" and "好像" All mean "to like, to seem to be". Usually, they can replace each other。 However, "好像" is more colloquial, and "似乎" is more literary。 Sometimes people also say "好像……似的":

一个"嘀嗒"的时间<u>似乎</u>很短。

一个"嘀嗒"的时间<u>好像</u>很短。

一个"嘀嗒"的时间<u>好像</u>很短<u>似的</u>。

光阴不声不响地过去，我们<u>似乎</u>一点也感觉不到。

光阴不声不响地过去，我们<u>好像</u>一点也感觉不到。

光阴不声不响地过去，我们<u>好像</u>一点也感觉不到<u>似的</u>。

小鸟在树上叫着，<u>似乎</u>要和我说话。

小鸟在树上叫着，<u>好像</u>要和我说话。

小鸟在树上叫着，<u>好像</u>要和我说话<u>似的</u>。

以　为

- "以为" as "think", but the idea is not true or may not come true:

我弟弟个子很高，他只有八岁，人家却常常<u>以为</u>他有十一、二岁了。

原来现在才下午三点钟，我<u>以为</u>已经很晚了呢。

我一回到家就躺到床上，妈妈<u>以为</u>我病了，qí shí其实我只是有点累。

在"借钥匙"的故事里，弟弟<u>以为</u>张阿姨很小气。

字形　字义　字音

阴—阳	返—反—饭	躺—尚—淌	注—主—住—柱—挂
便—更	操—澡—燥	秒—妙—吵	或—成　限—眼—银—很
验—脸	徒—陡—走	惜—借—错	以—似　壮—装 悲—非

我有两颗心

在放学回家的路上，我对爸爸说："我有两颗心，一颗是玩心，另一颗是学习心。爸爸，你喜欢哪颗心？"

爸爸说："你先说，你喜欢哪颗心？"

我说："我喜欢学习心。"

爸爸说："我两颗心都喜欢。"

我说："我不喜欢玩心，它老是要我玩，打扰我的学习。"

爸爸说："那你就对它说学习好了再玩。"

我说："不行，它开始假装听我的话，可是过了一会儿，它又来打扰我了。"

爸爸说："那你就对它说：'你不听话。要是再不听话，我学习好了也不玩。'"

我说："好！"

新字新词：打扰 rǎo (to bother, to annoy)　假装

勇敢的心

一只小白羊到树林里找小树叶吃，对面来了一只狼，露^{lù}出牙齿问小羊："你到哪里去呀？"

"我饿了，想找点树叶吃。"

"你脚上长的是什么东西？"

"小蹄^{tí}子 (hoofs)。"

"头上呢？"

"小角^{jiǎo} (horns)。"

"说实话，你的心在对你说什么？"

"我的心害怕得很。"

"哈哈哈！"狼笑起来，然后就一口把小白羊吃掉了。

这时，来了一只小黑羊。狼早就在等它了。

"你到哪里去？"

"我来救我的朋友小白羊。"

"你脚上是什么东西？"

"铁^{tiě}一样硬^{yìng}的蹄^{tí}子。"

"头上呢？"

"石头一样硬的角^{jiǎo}。"

"你的心在说什么？"

"我的心在说，用角去刺^{cì}破^{pò}狼的肚子，把小白羊救出来！"

狼吓坏了，连忙吐出小白羊，自己跑掉了。

看起来，力^{lì}量^{liang}不在角^{jiǎo}上，也不在蹄^{tí}子上，而是在勇敢的心上。

新字新词：露^{lù}出　蹄^{tí}子　刺^{cì}破^{pò}　力^{lì}量^{liang} (force, power)

幽默

借钥匙
yào shi

妈妈回到家，看见儿子坐在楼下的大门口，连忙问："孩子，怎么啦？你为什么在外面？"

儿子生气地说："妈妈，邻居张阿姨真小气！"

"张阿姨一直很大方 (generous)，怎么会一下子变得小气了呢？"

"我早上匆匆忙忙去上学，忘了带钥匙。放学回家进不了房门，我就向她借钥匙开门。她就是不肯借，让我白白地等了几小时。您说张阿姨小气不小气？"

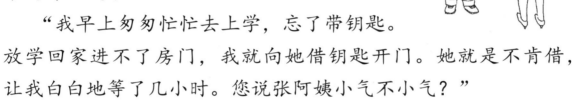

谜语

弟弟长，哥哥短，
天天赛跑大家看，
sài
弟弟跑了十二圈，
quān
哥哥刚刚跑一圈。

新字新词：钥匙 大方 小气 赛跑 圈
　　　　　 yào shi　　　　　　　 sài　 quān

一粒种子

一粒种子睡在泥土里。他醒过来，觉得很暖和，就把身子挺一挺。

他有一点儿渴，就喝了一口水，觉得很舒服，又把身子挺一挺。

春风轻轻地吹着。

种子问蚯蚓："现在是什么时候了？外面是什么声音？"

蚯蚓告诉种子："春天来了，外面是春风的声音。春风在叫我们到外面去。"

"外面是什么样儿？也是这么黑吗？"

"不，外面亮得很。"

蚯蚓一边回答，一边往外钻，"来，让我帮你松一松土，你好钻出去。"

种子听了很高兴，又把身子挺一挺。

春风在唱歌，河水在唱歌，小鸟在唱歌，小朋友也在唱歌。

种子听见外面这么热闹，心里非常高兴，连忙说："啊，我要赶快出去！"

种子又把身子挺了一挺，眼前突然一亮，啊，好个光明的世界！

太阳神炎帝（上）

我们读过"后羿射日"的故事，知道后羿按照天帝的命令，来到人间，射掉九个太阳，救了人类(human)。那么剩下的一个太阳后来怎样了呢？

自从九个兄弟被射掉了以后，太阳非常害怕。它每天早上从东方出来，走过广阔的天空，傍晚到西方落下，一点也不敢偷懒。可是日子久了，太阳开始有些不愿意了。有时候，太阳在汤谷里洗澡玩耍，不知不觉地，就忘了到人间去。有时，它躲在汤谷中间的那棵大树上睡懒觉，一连十天、半个月也不起来。这样，世界上常常变得又黑又冷，眼看动物植物都快活不下去了。

天帝听说了太阳偷懒的事，马上派了一位叫炎帝的天神到东方去。

新字新词：炎帝　人类　偷懒　睡懒觉　天神

太阳神炎帝（下）

炎帝是位英勇的天神。他的个子很高大，身穿黑色的上衣，白色的长裙，手里拿着一根放光的长鞭，坐在一辆六条龙拉的车上。

炎帝来到了东方，每天催太阳按时起床，然后赶着太阳走完一天的路程。因为炎帝是专门管太阳的，所以人们就称他"太阳神"。

天帝为了使太阳早上能按时醒来，还特别派了一只神鸡，高高地站立在汤谷中间的大树上。神鸡有一身雪白发亮的羽毛，金黄色的嘴和爪，鲜红鲜红的鸡冠，叫起来声传千里。每天清晨，神鸡总是最先醒来，高声一叫。天下别的鸡，也跟着它先后一声声地叫了起来。这时候，炎帝也坐上了六龙车，赶着太阳出发了。

人们十分感激太阳和太阳神炎帝。因为有了他们，才使世界上有无限的光明，才使世界变得这么美丽。

新字新词：长裙　长鞭　专门　感激

爱惜雨伞

外面下着大雨，小明手里拿着一把雨伞，全身湿淋淋^{shī lín lín}地跑回家来。妈妈见了，就奇怪地问：

"孩子，你不是带了伞的吗？怎么会被雨淋^{lín}成这个样子？"

小明举着手里的雨伞对妈妈说："妈妈，您不是要我爱惜雨伞吗？您瞧，我把雨伞保护得多好！"

新字新词：湿淋淋^{shī lín lín}　淋^{lín}

儿 歌

小闹钟

嘀嗒，嘀嗒，

小闹钟，走得急，

好像要对我们说：

"读书写字要认真，

做完作业再游戏！"

嘀嗒，嘀嗒，

小闹钟，走得急，

好像要对我们说：

"时间一去不回来，

你们对它要爱惜！"

猴子和桃子

　　从前有一个老人，家里有一大群猴子。他家里还种了几棵桃树，他就天天摘桃子给猴子吃。猴子要吃多少，他就给多少。可是，到了后来，树上的桃子越来越少了。老人就对那些猴子说："你们看，树上的桃子不多了。以后呢，我每天早晨就给你们每人吃三个桃子，晚上再吃四个桃子，好不好？"

　　猴子们听了，马上大叫起来："不好！不好！太少了！太少了！"

　　老人想了一想，就说："那么，你们每天早上吃四个桃子，晚上吃三个桃子，好不好？"

　　猴子们一听说自己早上可以吃四个桃子了，就都高兴得又蹦又跳："好啊！好啊！谢谢！谢谢！"

二、爸爸的老师

我的爸爸一天到晚，
跟数学打交道，
再难的题他也会算，
嗨！他的学问真好。

我这位有学问的爸爸，
今天一副严肃的样子。
他有什么要紧的事情？
原来是要去看他的老师！

我的爸爸还有老师？
你说这事多么新鲜！
这老师是个怎样的人，
我倒真想见见。

我再三求着爸爸，
带我去看看他。
爸爸眼睛那么一眨，
就对我说："嗯，好吧！"

可是爸爸临走以前，
对我反复叮咛，
要我注意这个那个，
我当然都答应。

词 汇

老师　一天到晚　数学　打交道　难题　算　嗨　学问　一副
严肃　要紧　原来　新鲜　再三　求着　一眨　嗯　可是　临走
以前　反复　叮咛　当然　答应

生 字

hēi	fù	yán	sù	xiān	èn	lín	dīng	níng
嗨	副	严	肃	鲜	嗯	临	叮	咛

我一路想着这位老师，
会是个怎样的人。
他一定胡子很长，
满肚子的学问。

他一定比爸爸强，
是位大数学家。
他要不是大数学家，
怎能教我爸爸？

可是结果你猜猜看：
爸爸给谁鞠躬？
就算你猜三天三夜，
也没法子猜中。

鞠躬的人如果是弟弟，
那还不算希奇，
因为爸爸的这位老师，
就是弟弟的老师！

我已经念四年级了，
可是弟弟才刚进一年级。
他的老师就是爸爸的老师，
你说多有意思！

老师握着爸爸的手，
高兴地连声称赞他：
"老师真为你骄傲，
我们的数学家！"

你猜爸爸怎么回答：
"老师也有功劳，
我懂得二二得四，
是老师您教导……"

我这才知道我的爸爸，
虽然学问很大，
却有一年级的老师，
曾经教导过他。

─────── 词 汇 ───────

一路　胡子　强　数学家　结果　谁　鞠躬　猜中　如果　不算

希奇　已经　念　四年级　意思　握着　称赞　骄傲　功劳

懂得　教导　虽然　却　曾经

─────── 生 字 ───────

qiáng	jié	cāi	jū	gōng	zhòng	xī	niàn	jí	zàn	jiāo	ào	láo	céng
强	结	猜	鞠	躬	中	希	念	级	赞	骄	傲	劳	曾

"原来" 的用法

- "原来" as "in fact, actually":

  爸爸有什么要紧的事情？原来是要去看他的老师！

  原来，河水既不像老牛说的那样浅，也不像松鼠说的那样深。

  原来，时间就是这么不声不响、匆匆忙忙地从我们身边走过去的。

- "原来" as "originally, at beginning":

  我们家原来住在中国的上海。

  爸爸原来不打算带我一起去看他的老师，我再三求他他才同意。

  小明原来只有三条金鱼，现在他养了五条金鱼了。

"打" 字的用法

- "打" as "to strike, to hit":

  虽然他错了，但是你不应该打他。

  我不小心把碗打破了。

- "打" can be used in many other phrases:

  打交道 (to deal with)　　打败 (to defeat)　　打扮 (to dress up)　　打包 (to pack)

  打火机 (lighter)　　打赌 (to bet)　　打滚 (to roll about)　　打断 (to interrupt)

  打电话 (to call)　　打架 (to fight)　　打仗 (to battle)　　打猎 (to hunt)

  打翻 (to overturn)　　打算 (to plan)　　打搅 (to bother)　　打针 (to have a shot)

  打乱 (to mess up)　　打开 (to open)　　打牌 (to play cards)　　打气 (to pump, to encourage)

  打鼾 (to snore)　　打结 (to tie a knot)　　打听 (to ask about)　　打扫 (to clean, to sweep)

  打网球 (to play tennis)　　打雷 (to thunder)　　打蜡 (to wax)　　一打 (one dozen)

  很多男孩子都喜欢打篮球。

  我们打算 (to plan) 明年去加州 (California) 看望爷爷奶奶。

  昨晚的球赛究竟是谁赢谁输？让我去打听 (to ask about) 一下。

  你说你们学校的球队一定会赢，那你敢不敢打个赌？

  上星期天妈妈买了一打 (one dozen) 鸡蛋放在冰箱里，到现在还没吃完。

"骄傲" 的用法

- "骄傲" as "to be proud":
  老师真为你骄傲，我们的数学家！
  我们为中国的文化感到骄傲。
- "骄傲" as "arrogant":
  他很聪明。但是因为他太骄傲了，大家都不太喜欢他。
  骄傲的人常常不能继续进步。

称赞　表扬　赞扬

"称赞"，"表扬" and "赞扬" usually can replace one with the other：
老师高兴地连声称赞他。
老师高兴地连声表扬他。
老师高兴地连声赞扬他。
妈妈称赞弟弟功课做得好。
妈妈表扬弟弟功课做得好。
妈妈赞扬弟弟功课做得好。

希奇　希望

- "希奇" as "rare, strange, curious", it can also be written as "稀奇"：
  弟弟给他的老师鞠躬，那不算希奇。
  李强从中国带来一盏古老的油灯，大家都觉得很希奇。
- "希望" as "to hope, to wish", it can also be used as a noun：
  我希望自己长大了当一个数学家。
  穷和尚和富和尚都希望能去南海拜佛，但是只有一个人去成了。
  中文虽然难，但还是有希望学好的。

字形　字义　字音

| 嗨—海 | 题—是 | 副—富 | 劲—经 | 强—虽 | 鲜—鱼—羊 |
| 猜—情 | 躬—弓 | 希—稀 | 奇—骑 | 念—今 | 懂—重　却—脚 |

时间老人的好办法

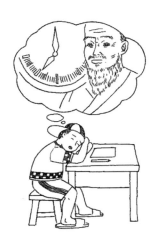

　　小明是个聪明的孩子，他爱玩，也爱学习。最让小明头疼的事，就是时间总不够用。常常到了上床睡觉的时候，他才发现还有要紧的事没有做。一天晚上，小明做着数学题。他做着做着，不知不觉却扑在桌上睡着了。

　　迷迷糊糊的，小明看见一位白胡子老爷爷，笑眯眯地向他走来。小明就问："老爷爷，您是谁？我怎么不认识您？"

　　老爷爷回答："我是时间老人哪，你虽然没见过我，可我时时刻刻和你在一起，从来没离开过你呀！"

　　"您就是时间老人？那可太好了！我总是感到每天的时间太少了，老是不够用，请您把一天的时间变得多一些好吗？"

　　时间老人说："好啊，我把一天分成二十四份（fèn）。那么，你每天就有二十四个小时了！我再把一小时分成六十份，你每天就有一千四百多分钟了！我再把一分钟分成六十份，那么，你每天就有八万六千多秒钟了！这一下时间可多了吧！"

　　"可是，一分一秒的时间太短了，能做些什么事情呢？"

　　"孩子，只要你认真爱惜一分一秒，你的时间就会多起来了，你要不要试一试？"说完，老人就不见了。

　　小明一着急，就醒了过来。原来，刚才是做了个梦（mèng）。小明记住了时间老人的话，从此爱惜一分一秒的时间。说来奇怪，现在他真的觉得时间比以前多了，再也不觉得时间不够用了！

新字新词：迷迷糊糊　份（fèn）　梦（mèng）

青蛙和牛

　　有一头牛来到河边喝水。一群正在水草中玩耍的小青蛙看见了，大吃一惊，就七嘴八舌^{shé}地议论起来：

　　"嗨，这家伙真大呀！"

　　"它的腿，粗粗的像木棒！"

　　"它的肚子更大，像一只大鼓！"

　　"我们快告诉爸爸去！"

　　小青蛙们蹦蹦跳跳地找到了爸爸，就把看到一头牛的事情告诉了爸爸。青蛙爸爸听了，指着自己的肚子说："那头牛的肚子有我的肚子这么大吗？"

　　"比您的肚子大多了！"小青蛙们纷纷说。

　　青蛙爸爸深深地吸^{xī}了一口气，把肚子涨^{zhàng}得圆鼓鼓的，问道："够大了吗？"

　　小青蛙又说："比这还要大，还要大！"

　　青蛙爸爸又吸了一口气，问："有这么大吗？"

　　"还要大！还要大！"

　　青蛙爸爸又再吸了口气："有……有这、这么……"还没等它说完，它的肚子就涨破了。它哪里知道，青蛙是怎么也没法子跟牛相比的。

> 新字新词：七嘴八舌^{shé}　家伙　吸^{xī}　涨^{zhàng}　圆鼓鼓

太阳和彩虹 (cǎi hóng)

雨过天晴(qíng)，天上出现了一条彩虹。人们都说彩虹美丽。彩虹听见了，就得意起来，说："我比太阳还要美丽。"

太阳听了说："你是美丽。不过，要是没有我，也就没有你啦！"彩虹不相信，反而更加得意了。太阳摇了摇头，立刻躲进云里去了。彩虹真的不见了。

> 新字新词：彩虹(cǎi hóng) 雨过天晴(qíng) 反而

谜 语

腿边四条腿，

背后一个背，

坐在它身上，

或许猜得对。

谜底：椅子

捞月亮

一天夜晚，一只小猴子在井边玩。它往井里一看，里面有个月亮。小猴子急得叫了起来："糟啦，糟啦，月亮掉在井里啦！"

大猴子听见了，跑来一看，连忙跟着叫了起来："糟啦，糟啦，月亮掉在井里啦！"

老猴子听见了，跑来一看，也跟着叫了起来："糟啦，糟啦，月亮掉在井里啦！"

一群猴子听见了，跑来一看，也都跟着叫了起来："糟啦，糟啦，月亮掉在井里啦！快把它捞上来吧！"

井边有棵大树。老猴子倒挂在树上，拉住大猴子的脚。大猴子也倒挂着，拉住另一只猴子的脚。一只一只猴子接起来，越接越长，一直接到井里头。小猴子挂在最下边。

小猴子伸手去捞月亮。手刚碰到水，月亮就不见了。老猴子一抬头，看见月亮还在天上。老猴子喘着气说："不用捞了，不用捞了，月亮还好好地挂在天上呢！"

西瓜在哪里

　　小猴、小熊和小猪一起出去玩。它们一边走，一边摘野果子吃，肚子吃得饱饱的。

　　后来，它们看见了一个大西瓜。小猴说："我们把它埋在地下，留着明天吃吧！"小熊说："对，我们要记住是埋在什么地方，明天好来挖。"

　　小猪说："我记住了，我记住了，我这里有阳光。"

　　小熊说："我记住了，我记住了，天上有朵白云。"

　　小猴说："我记住了，我记住了，西瓜埋在三棵树中间。"

　　第二天早晨，它们三个去挖西瓜。满地都是阳光，小猪到哪里去挖呀？蓝蓝的天上，一朵云也没有，小熊到哪里去挖呀？可是，小猴很远就看见了那三棵树。它跑去一挖，就挖出了昨天埋下的大西瓜。

小花猫找汗

　　天气热了，小花猫看见人都会出汗，它觉得很奇怪："咦，我怎么没有汗？"

　　小花猫去问老牛。老牛指指自己汗淋淋的鼻子，说："汗么，在鼻子上！"小花猫摸摸自己的鼻子，没有汗！

　　小花猫又去问小马。小马指指自己汗淋淋的身体，说："汗么，在身上！"小花猫又摸摸自己的身体，还是没有汗！

　　小花猫又去问黄狗，黄狗正伸着舌头坐在大树下。它指指自己的舌头说："汗么，在舌头上！"

　　小花猫看不清自己的舌头，就请小猪帮忙看。小猪笑着说："你又不是狗，汗怎么会在舌头上呢？"小猪把自己的脚掌翻开来，又叫小花猫也把脚掌翻开来。它们两个都笑啦："原来，我们的汗在这里呢！"

新字新词：身体（tǐ）　舌头（shé）　脚掌（zhǎng）

站起来跑得更快

　　小刚跟爸爸一起坐火车出去玩，他心里老想着快点到。突然，小刚对爸爸说："我有一个办法，可以让火车跑得更快。"

　　爸爸问道："什么办法？"

　　小刚回答："火车总是躺着走，当然走不快啦，要是让它站起来跑，不就跑得更快了吗？"

谜 语

　　　　　　看看没有，
　　　　　　摸摸倒有，
　　　　　　像冰不化，
　　　　　　像水不流。

（谜底：玻璃）

小蝌蚪找妈妈（上）

　　有一群小蝌蚪，大大的脑袋，黑黑的身子，细细的尾巴，在河里游来游去。

　　它们看见小鸭子跟着鸭妈妈在水里玩，就游上前去叫着："鸭妈妈，鸭妈妈，我们也想找我们的妈妈！"

　　鸭妈妈说："你们的妈妈有大大的嘴巴，你们到前面去找吧！"

　　小蝌蚪往前游呀游，有一条鱼从它们身边游过。小蝌蚪看见鱼有大大的嘴巴，就高声叫起来："妈妈！妈妈！"

　　鱼笑笑说："我不是你们的妈妈，我是小鱼的妈妈。你们的妈妈有白白的肚子，你们到前面去找吧。"

　　小蝌蚪往前游呀游，过了几天，长出了两条后腿。一只大白鹅游过来，小蝌蚪连忙大声叫："妈妈！妈妈！"

　　大白鹅笑笑说："我不是你们的妈妈，我是小鹅的妈妈。你们的妈妈有四条腿，你们到前面去找吧。"

三、等一会儿再说

清晨，有一个乡下的年轻人到镇上去。那个年轻人在市场上买了两大筐瓷器，用驴驮着回家。中午，他在一家小饭店吃饭。吃完饭临走的时候，店主对他说："小伙子，你的驮架有点歪了，收拾一下吧！"那人说："等一会儿再说，只有二十里路就到家了，没关系！"

走了十里路，一个行人对他说："喂，你的驮架歪了，快收拾一下吧！"那人说："等一会儿再说，只有十里路就到家了，没关系！"

又走了几里路，驮架更歪了。一位老大爷对他说："你的驮架简直要掉下来了，再不收拾就晚了！"那人说："等一会儿再说，只有几里路就到家了，没关系！"

过了一会儿，他走上了一个山坡。一个小孩看见了，大声叫起来："不得了，驮架快倒下来啦！"那人还是说："等一会儿再说，就要……"话还没说完，哐啷一声，驮架倒下了，两大筐瓷器摔得粉碎。

词 汇

等一会儿　再说　清晨　乡下　年轻人　镇上　市场　两大筐

瓷器　驴　驮着　饭店　店主　驮架　歪了　收拾　没关系

行人　老大爷　简直　山坡　不得了　哐啷　摔得　粉碎

生 字

zhèn shì kuāng cí qì lǘ diàn jià wāi jiǎn xì pō kuāng lāng shuāi fěn suì
镇　市　筐　瓷　器　驴　店　架　歪　简　系　坡　哐　啷　摔　粉　碎

"临"字组成的词

吃完饭临走的时候，他对店主说："谢谢您，再见！"

爸爸临走以前对我反复叮咛，要我注意这个那个。

每天晚上临睡的时候，我总是要看一会儿书。

夸父临死的时候，把手里的木棒一扔，这根木棒就变成了桃树林。

原来我们是要去公园的，现在临时 (at the moment) 决定不去了。

因为教室在修，我们在一间临时 (temporary) 的教室里上课。

"就"和"就要"

- "就" and "就要" as "will soon" (usually they can replace with each other)：

只有二十里路就到家了，没关系！

只有二十里路就要到家了，没关系！

等一会儿再说吧，就到家了！

等一会儿再说吧，就要到家了！

我很快就要把这本书全部看完了。

时间过得真快，明年我就十岁了。

"倒"字的用法

- "倒" (dào) as "upside down"：

老猴子倒挂在树上，拉住大猴子的脚。大猴子也倒挂着，拉住另一只猴子的脚。

- "倒" (dǎo) as "to fall"：

哐啷一声，驮架倒下了。

小弟弟很勇敢，学走路时，摔倒了从来不哭，站起来就继续走。

字形	字义	字音

坡—破—皮　　镇—真　　店—站　　筐—哐　　瓷—次

歪—不—正　　简—间　　粉—分　　架—加

蚊子、狮子和蜘蛛

　　一只小小的蚊子对狮子说："狮子先生，人家都说你很厉害，但是我可不怕你。"

　　狮子大叫起来："你好大的胆子！我只要轻轻一拍，就能叫你粉身碎骨！"

　　"好，那您就试试吧。"蚊子看准狮子的鼻子尖，飞过去狠狠地咬了一口。

　　狮子立刻朝自己的鼻子用力拍了一巴掌，可是蚊子已经飞走了。狮子痒得不得了，就用爪子抓鼻子。这时候，蚊子飞到狮子身上，又狠狠地咬了一口。狮子又"啪"地一巴掌，重重地打在自己身上。就这样反复了好多次，狮子身上被自己的爪子抓得到处是伤了。他只好求蚊子说："痒死我了，疼死我了！求求你，别再咬我了吧！"

　　"怎么样，还是我厉害吧！"蚊子在空中得意洋洋地说。

　　一不小心，蚊子撞到蜘蛛网上去了。可它满不在乎地说："我连凶恶的狮子都不怕，还怕你这小小的蜘蛛吗？"

　　蜘蛛可不听它的，一步一步地爬过去把蚊子吃掉了。

新字新词：狮子　蜘蛛　粉身碎骨　狠狠地　巴掌　痒　网　满不在乎

金银盾
(yín dùn)

　　古时候有两个将军。有一天，
他们一起上市场去，到做盾牌的工人
那里去买盾牌。

　　工人拿出一块盾牌，一面向左，
一面向右，给站在他左右两边的两个
将军看。

　　站在左边的将军看了看盾牌说："这块金盾牌真好！"站在右边
的将军也看了看盾牌，说："错了！什么金盾牌！这是银盾牌。"

　　站在左边的将军又看了看盾牌，不服气地说："错的不是我，
是你自己！这块盾牌明明是金的，怎么能说是银的呢？"于是，
两个将军争论了起来，越争越厉害。

　　工人把盾牌一翻，说："你们两位都错了。你们看，这块
盾牌一面是金的，一面是银的。你们只看见了一面，没有看见
另一面，所以你们都错了。"

新字新词：银　盾牌(shield)　不服气

前面也在下雨

天下着大雨，呆（dāi）子在大雨中慢慢地走着。

人家催他说："哎呀，你怎么不走得快一点啊！"

他不紧不慢地回答说："急什么？前面不是也在下雨吗？"

> 新字新词：呆（dāi）子

谜 语

家住大海，
走上岸来，
太阳一晒，
身体变白。

小蝌蚪找妈妈（下）

小蝌蚪往前游呀游，过了几天，又长出了两条前腿。

它们看见一只大乌龟在前面游。小蝌蚪就快快追上前去，叫着："妈妈！妈妈！"乌龟笑了笑说："我不是你们的妈妈，我是小乌龟的妈妈。你们妈妈的衣服是绿色的，头顶上有两只大眼睛，你们到前面去找吧。"

小蝌蚪到处游呀游，过了几天，尾巴变小了。它们看见荷叶上有一只大青蛙，大大的嘴巴，绿色的衣服，雪白的肚子，头顶上还有两只大眼睛。小蝌蚪连忙游了过去，叫着："妈妈！妈妈！"青蛙妈妈低下头一看，笑着说："好孩子，你们长成小青蛙了，快上来吧！"听了妈妈的话，小青蛙就往上一蹦，蹦到了大青蛙身边。它们高兴地叫着："我们找到妈妈了！我们找到妈妈了！"

四、让我们荡起双桨

让我们荡起双桨，

小船儿推开波浪，

海面倒映着美丽的白塔，

四周环绕着绿树红墙。

张张笑脸迎着夕阳，

阳光洒在海面上，

水中鱼儿望着我们，

悄悄听我们愉快地歌唱。

做完了一天的功课，

我们来尽情欢乐，

小船儿轻轻飘荡在水中，

迎面吹来了凉爽的风。

看图识字

公园

医院

学校

图书馆

饭店

食品店

超级市场

厕所

飞机场

火车站

汽车站

地铁车站

词 汇

荡起　双桨　推开　波浪　倒映　白塔　四周　环绕　绿树

红墙　笑脸　夕阳　洒在　望着　悄悄　愉快　歌唱　功课

尽情　欢乐　飘荡　迎面　凉爽

公园　医院　学校　图书馆　饭店　食品店　超级市场　厕所

飞机场　火车站　汽车站　地铁车站

生 字

dàng	jiǎng	tuī	yìng	tǎ	zhōu	huán	rào	xī	sǎ	yú	jìn	shuǎng	yuàn	guǎn	pǐn	chāo	cè
荡	桨	推	映	塔	周	环	绕	夕	洒	愉	尽	爽	院	馆	品	超	厕

字形　字义　字音

荡—汤—场　　桨—将　　塔—嗒—答　　推—谁　　环—坏　　园—圆

绕—浇—翘　　院—完　　馆—管—官　　吹—砍　　汽—气　　市—闹

会动脑筋的孩子

　　高斯 (Gauss) 是一位有名的德国数学家。

　　他六岁在小学念书的时候，有一次，老师在黑板上写了一道题："一加二加三加四……，一直加到十，等于几？"

　　高斯很快就举手，站起来说："等于五十五。"

　　老师点了点头。

　　同学们纷纷问高斯："你是怎么猜出来的？"

　　高斯说："我不是猜出来的，我是算出来的。我看到一加十等于十一，二加九等于十一，三加八等于十一，……这道题里一共有五个十一，所以就应该是五十五。"

　　老师听了，称赞高斯会动脑筋，叫同学们都向他学习。

新字新词：高斯　　德国

自相矛^{máo}盾

　　古时候有一个人，他一只手拿着一枝矛 (spear)，另一只手拿着一块盾 (shield)，在市场上叫卖。

　　他先举起了矛，向人夸^{kuā}口说："我的矛，天下最厉害了，不论什么盾都刺得穿！"接着，他又举起了盾，向人夸口说："我的盾，天下最坚固^{jiān gù}了，不论什么矛都刺不穿它！"

　　这时候，站在旁边看热闹的人就问他："请问，如果用你的矛，去刺你的盾，那么，结果又会怎么样呢？"那人回答不出来了。

新字新词：	矛^{máo}	夸口^{kuā}	坚固^{jiān gù}

比光明

夜空中飞着一只萤^{yíng}火虫，
它身后亮着一盏灯笼^{long}，
它说它自己虽然不算伟大，
世界上却数它最光明。

萤火虫的话被星星听见了，
星星笑得眨起了眼睛，
它说人们常道："天上星，亮晶晶"，
最亮的当然是星星。

星星的话还没有说完，
月亮已经升上了天空，
月亮简直笑弯了眉毛，
她说月亮才是天上的明灯。

它们正在高声地争论，
东方亮起了一片火红，
于是他们都悄悄溜走了，
因为太阳使他们无地自容。

新字新词：萤^{yíng}火虫　灯笼^{long}　无地自容

美丽的公鸡

　　有一只公鸡，自以为很美丽，整天得意洋洋地唱：

　　公鸡公鸡真美丽，大红冠子花外衣，
　　油亮脖子金黄脚，要比漂亮我第一。

　　这一天，公鸡吃得饱饱的，他挺着胸，唱着歌，来到一棵大树下。他看见一只啄木鸟，就说："长嘴巴的啄木鸟，我们比比谁美。"啄木鸟说："对不起，老树生了病，我是它的医生，我要给他治病去。"公鸡听了，唱着歌，大摇大摆地走了。

　　公鸡来到一个果园里，看见一只蜜蜂，就说："鼓眼睛的小蜜蜂，我们比比谁美。"蜜蜂说："对不起，果树开花了，我要采蜜去。"

　　公鸡听了，又唱着歌，大摇大摆地走了。

　　公鸡走着走着，看见一只青蛙，就说："大肚皮的青蛙，我们比比谁美。"青蛙说："对不起，稻田里有害虫，我要捉虫去。"公鸡见谁也不想和他比美，只好往回走。

　　在回家的路上，公鸡碰到一匹老马，公鸡伤心地问："老马伯伯，我去和啄木鸟、蜜蜂、青蛙比美，可是，他们为什么都不理我呢？"老马说："因为他们知道，美不美不能只看外表，还要看能不能为人们做事。"公鸡听了很惭愧。从此以后，他每天早上天不亮就喔喔喔地叫，一遍又一遍地催人们早起。

五、愚公移山

　　中国古代有位九十岁的老人，名字叫北山愚公。他家住的地方，面临着两座大山。这使得愚公一家和住在附近的许多人家，进进出出都要绕很远的山路，非常不方便。

　　有一天，愚公把全家老小都叫到他跟前，对他们说："我现在决定，要挖掉我们屋子前面的这两座山，你们看怎么样？"大家听了都纷纷赞成，只有愚公的妻子有些犹豫。她说："能挖掉山当然是好，可是，挖下来的土，放到哪里去呢？如果堆在旁边，不是又会堆起两座新的高山了吗？"

　　愚公还没有答话，他的小孙子就抢着说："奶奶，我们可以把土运到大海里去呀！山再高，也填不满大海的！"

　　奶奶被小孙子说服了。从此以后，愚公带领着他的儿子和孙子，每天都到山上去。他们打石头的打石头，挖土的挖土，还有的人把挖下来的土运到海里去。愚公的邻居们看见了，也一起来参加挖山。

词 汇

愚公移山　古代　面临　使得　附近　进出　绕　不方便　全家老小
跟前　决定　挖掉　赞成　妻子　犹豫　堆在　旁边　抢着　奶奶
运到　填满　说服　从此　带领　儿子　孙子　打石头　邻居　参加

生 字

yú	yí	dài	fù	qī	yóu	yù	duī	qiǎng	tián	lǐng	lín	jū	cān
愚	移	代	附	妻	犹	豫	堆	抢	填	领	邻	居	参

愚公移山的消息，渐渐地传开了。有一个名叫智叟的老人听说了，就跑来嘲笑愚公说："你真是太笨、太糊涂了。你这么老了，怎么还能挖掉这两座山呢？"

愚公对他微微一笑，回答说："我虽然老了，可是我的儿孙们不老啊！我死了以后，有我的儿子继续挖山。我的儿子死了，又有我的孙子继续挖。子子孙孙团结起来，坚持不断地挖下去。而这两座山呢，却不会再长高了，挖一点就会减少一点，怎么会挖不平呢？"愚公抬起头，望了望那两座高山，又转过身来，看着正在挖土的儿孙们，接着说道："是啊，挖平这两座山的时候，我或许是看不到了。但是，我相信总有一天，我的儿孙们会看到的！"

愚公说完，就挑着土走了。智叟站在那里，一句话也说不出来。

愚公全家不顾智叟的嘲笑，仍然每天挖山不止。他们的决心感动了天帝，天帝就派了两个力大无比的神仙，把那两座山背走了。

词 汇

消息　渐渐　传开　智叟　嘲笑　太笨　太糊涂　微微一笑
虽然　死了　继续　团结　子子孙孙　坚持　不断地　却　减少
抬起头　望　转过身　接着　相信　总有　一句话　不顾　仍然
挖山不止　决心　感动　天帝　力大无比　神仙

生 字

xiāo	jiàn	chuán	zhì	sǒu	cháo	bèn	hú	tú	tuán	jiān	chí	gù	réng	zhǐ	xiān
消	渐	传	智	叟	嘲	笨	糊	涂	团	坚	持	顾	仍	止	仙

"使" 字的用法

- "使" and "使得" as "to cause, to make":   *effect*

一个 "嘀嗒" 的时间似乎很短, 使你以为它能做的事实在太少了。

屋前的两座大山, 使得愚公一家进进出出很不方便。

学习中文使我们能更多地知道中国文化。

狐狸的称赞, 使得乌鸦上了当。

太阳的光明使自以为天下最亮的萤火虫、星星和月亮感到惭愧。

- "使" and "使用" as "用":

这枝铅笔不好使, 我来换一枝。

对不起, 新厕所要到明天才能使用。

我一使劲_{jin}, 就把瓶子打开了。

"不是……吗？"

- 用 "不是……吗？" 问反问句:

"如果堆在旁边, 不是又会堆起两座新的高山了吗？"

呆子不紧不慢地说: "急什么？前面不是也在下雨吗？"

做完了功课再去玩, 不是会玩得更高兴吗？

"抢" 字的用法

- "抢" as "to rush, to compete with":

愚公的小孙子抢着说: "奶奶, 我们可以把土填到大海里去啊!"

我们还以为自己到得最早, 想不到你已经抢先到了。

- "抢" as "to rob":

打篮球的时候, 张刚最会抢球了。

他的钱被人抢走了。

这些坏人整天不做好事, 专门抢别人的东西。

"渐渐"的用法

- "渐渐" as "gradually"，similar to "慢慢"：

  愚公移山的消息<u>渐渐</u>传开了。

  春天，天气<u>渐渐</u>热起来；秋天，天气又<u>渐渐</u>冷下去。

  一开始，他不相信我说的话，后来才<u>渐渐</u>地相信了。

  整整下了一天的雨，现在终于<u>渐渐</u>停了。

  太阳<u>渐渐</u>地落下去，天越来越黑了。

"接"字的用法

- "接" as "to continue, to connect"：

  愚公看了看正在挖山的儿孙们，<u>接</u>着说下去。

  猴子们倒挂在树上，一个一个地<u>接</u>起来，去捞井里的"月亮"。

  断了的绳子，<u>接</u>好了可以继续用。

- "接" as "to meet, to pick up"：

  今天下午我们的老师要去机场<u>接</u>他的妻子。

  我坐公共汽车 (bus) 到你家来的时候，你能不能到汽车站来<u>接</u>我一下？

  客人来了，我们全家在门口迎<u>接</u>他们。

- "接" as "to receive, to take"：

  昨天她<u>接</u>到一封她爷爷写来的信。

  电话铃响了，谁能去<u>接</u>一下电话？

  我把篮球丢给你，你能<u>接</u>得住吗？

字形　字义　字音

移—够　　减—感—咸　　堆—推　　填—镇　　领—岭—令

止—此　　叟—瘦—飕　　智—知　　糊—胡　　笨—本　　仍—扔

精卫填海
jīng wèi

太阳神炎帝的小女儿女娃，是个非常美丽可爱的小姑娘。她每天都要到海边去玩，因为她最喜欢看大海里蓝色的波浪。

有一天，母亲对她说："女儿，今天也许会有暴(bào)风雨，你别去海边玩了。"可是，女娃忍不住还是去了。

暴风雨真的来了，海浪就像小山一样冲上海岸，把女娃卷走了。不久，风停了，雨也停了，可是美丽可爱的女娃，却永远回不来了。

女娃被淹死以后，就变成了一只小鸟，名叫精卫。每天，精卫都从山上衔(xián)来小石子和小树枝，丢进海里。大海看见了，就嘲(cháo)笑她说："小鸟啊，你就是填上一万年，也别想填平我！"

精卫回答大海："哪怕填上万万年，我也要把你填平！"

大海问："为什么？"

精卫说："为了不让别人再被你淹死。"

一年又一年过去了，精卫年年不断地工作着。她的决心，是多么让人感动啊！

新字新词：	精卫 jīng wèi	暴风雨 bào	卷走 juǎn	衔来 xián	嘲笑 cháo

挤奶姑娘

　　早晨，挤牛奶的姑娘头上顶着一桶奶，到市场上去卖。

　　她一边走一边想，卖奶得来的钱，该怎么用呢？对了，我要用这钱在市场上买一只母鸡回家。母鸡呢，会给我下很多很多蛋。我再去把那些蛋卖了，就会得到更多的钱。我要用那钱买一条绿色的长裙子。我穿上裙子走在路上，人们一定会夸我漂亮。我呢，就高兴地对他们点点头。想到这里，挤牛奶的姑娘真的得意地点起头来。

　　她一点头，头上顶着的那桶奶就掉下来，打翻了。牛奶流了一地，挤牛奶的姑娘只好空着手回家去。

　　事情最好一件一件地做，先把一件事做好了，再去想怎么做别的事。不然就会像这个挤牛奶的姑娘一样，连手上的事也做不好。

新字新词：	挤奶	一桶	裙子	打翻

下雨天

　　有一个人在朋友家作客。突然，天下起雨来了。雨下了很久也不见停。那人很想在朋友家住一晚。他明明知道这朋友从来不留人在他家住，却还是打算试一试。吃了晚饭，他用手指蘸着水在桌上写了一行(háng)字：

　　"下雨天，留客天，留我不留？"

　　那朋友见了字，也不说话，就拿起一块布，擦掉了字中间的那两个标(biāo)点，又加上了另外两个标点，这行字就变成：

　　"下雨，天留客，天留我不留。"

　　客人见了，便向主人借了伞，回家了。

　　同样的一行字，如果标点不一样，或标点的地方不一样，都会使意思变得不一样。这个故事里的客人和主人用同样的一行字，说出的意思却完全不一样。同学们，你们读懂了吗？

新字新词：　从来　一行(háng)字　标(biāo)点

温故知新

课后阅读 第七周（4）

井底的青蛙

　　有一只青蛙住在井里，渴了就喝井里的水，饿了就吃井里的小虫，它从来没有出去过。

　　有一天，有一只燕子飞来，落在井边上。

　　青蛙问燕子："你从哪里来呀？"

　　燕子说："我在天上一口气飞了一百里，飞累了，下来找水喝。"

　　青蛙又问："什么叫一百里啊？"

　　燕子说："一百里就是很远很远的路，我一直飞了好几小时呢！"

　　青蛙说："朋友，你说得不对，天只有井口这么大，你怎么能在天上飞那么远那么久呢？"

　　燕子对青蛙说："你自己才不对呢。天大得很，你怎么说天只有井口这么大呢？"

　　青蛙笑了，说："朋友，我每天都坐在井里，一抬头就看见天，我怎么会不知道天有多大呢？"

　　小朋友，你们说，到底是谁不对？是青蛙不对，还是燕子不对？为什么？

第三单元 （第七、八周） | 137

折筷子的故事
_{zhé kuài}

古时候，有一个老公公，他有十个儿子。

有一天，老公公把十个儿子叫到跟前。他拿出十根筷子，分给他们每人一根，让他们把筷子折断。儿子们把手中的筷子轻轻一折，筷子就断了。

老公公又拿出十根筷子，捆成了一捆，再让他们折。十个儿子用尽了力气，谁也折不断。

老公公对儿子们说："你们十个兄弟就好比这十根筷子，要是分开了，力量就小，要是团结起来，力量就大，懂吗？"

新字新词：折　筷子　捆

香味和声音

阿凡提在路上走，听见前面有人在大声争吵。他上前一看，原来是张三和李四两个人。张三和李四见了阿凡提，就都抢着请阿凡提评理。张三指着李四说："我在这儿卖鸡，李四从这儿经过，他闻到了我的鸡的香味，我就要他付钱，可是他就是不肯付。"李四气呼呼地说：

"我又没有吃他的鸡，只是闻到了鸡香，他却一定要我付两块银币(silver coin)，这实在太不讲理了！"

阿凡提听了，笑着问道："你们真要我来评理吗？"张三和李四都连连点头。阿凡提说："那好。李四，你既然闻了张三的鸡的香味，就当然应该付钱！"张三一听，马上得意起来。可是阿凡提又接着对李四说道："至于这钱嘛，你放心，我可以替你付！"阿凡提说着，便从口袋里拿出两块银币。他敲了敲这两块银币，银币在他手上"叮当叮当"地响。

阿凡提转过头去问张三："张三，你听到了吗？这是什么声音？"张三回答："我听到了，这是两块银币的声音。"阿凡提说："好了，李四，我们可以走了！你闻了张三的鸡的香味，张三听到了我的银币的声音，我已经替你把钱付了！"他说完，就拍拍李四的肩膀，和李四一起离开了。

新字新词：	香味	闻	付	气呼呼	银币

蜗牛的家
<small>wō</small>

我背着我的房子走路，

我背着我的房子爬树，

我的房子又<small>shī</small>湿又矮，

太阳永远也照不进来。

我的家里没有桌椅，

一间房只能挤下我自<small>jǐ</small>己。

客人来了也没有地方坐，

最好还是让我去<small>bài fǎng</small>拜访你。

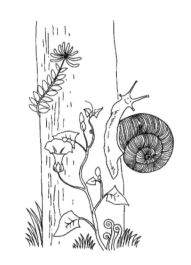

墙头上的葡萄香又香，

我想爬上墙去看看它。

可是我得背着一个家，

才能一步一步往上爬。

新字新词：蜗牛<small>wō</small>　湿<small>shī</small>　自己<small>jǐ</small>　拜访<small>bài fǎng</small>

葡萄是酸的

　　有一只狐狸又饿又渴，想找点儿东西吃。它东走西走，钻进了一个葡萄园里。

　　狐狸一抬头，看见了红红的葡萄高高地挂着。它馋得直流口水，真想把葡萄一口吃到嘴里。可是，葡萄挂得太高了，狐狸就是站起身来也碰不着葡萄。它往上一跳，差点儿碰到葡萄。

　　它再用力一跳，又差一点点碰到。它跳啊跳啊，左跳右跳，跳到后来，力气都用完了，再也跳不动了，还是没有碰到葡萄。

　　狐狸看着葡萄，心想，"唉，我看这些葡萄一定都是酸的！我才不要吃这些酸葡萄呢！还是留给那些馋嘴的鸟儿去吃吧。"

总生字表

一、光阴一去不复返（28）

fù	fǎn	zhù	cōng	tǎng	qiāo	biàn	chǎng	zhōng	dī	dā	miǎo	huò	xiàn
复	返	注	匆	躺	悄	便	场	钟	嘀	嗒	秒	或	限

shǐ	yàn	sì	hū	shàn	lì	huò	gōng	cùn	zhuàng	nǔ	tú	bēi	dǒng
使	验	似	乎	善	利	获	功	寸	壮	努	徒	悲	懂

二、爸爸的老师（23）

hēi	fù	yán	sù	xiān	èn	lín	dīng	níng
嗨	副	严	肃	鲜	嗯	临	叮	咛

qiáng	jié	cāi	jū	gōng	zhòng	xī	niàn	jí	zàn	jiāo	ào	láo	céng
强	结	猜	鞠	躬	中	希	念	级	赞	骄	傲	劳	曾

三、等一会儿再说（17）

zhèn	shì	kuāng	cí	qì	lǘ	diàn	jià	wāi	jiǎn	xì	pō	kuāng	lāng	shuāi	fěn	suì
镇	市	筐	瓷	器	驴	店	架	歪	简	系	坡	哐	啷	摔	粉	碎

四、让我们荡起双桨（18）

dàng	jiǎng	tuī	yìng	tǎ	zhōu	huán	rào	xī	sǎ	yú	jìn	shuǎng	yuàn	guǎn	pǐn	chāo	cè
荡	桨	推	映	塔	周	环	绕	夕	洒	愉	尽	爽	院	馆	品	超	厕

五、愚公移山（30）

yú	yí	dài	fù	qī	yóu	yù	duī	qiǎng	tián	lǐng	lín	jū	cān
愚	移	代	附	妻	犹	豫	堆	抢	填	领	邻	居	参

xiāo	jiàn	chuán	zhì	sǒu	cháo	bèn	hú	tú	tuán	jiān	chí	gù	réng	zhǐ	xiān
消	渐	传	智	叟	嘲	笨	糊	涂	团	坚	持	顾	仍	止	仙

（合计 116 字，累计 1047 字）

一、光阴一去不复返

光阴：time; in the broad sense

复返：return

谢了：wilt

匆匆忙忙：hurriedly

便：therefore; then

不知不觉：unconsciously

操场：playground

游戏：play (v); game (n)

觉察：notice / feel

或许：perhaps

无限：limitless

实验：experiment

伟大：great; famous

善于：good at

利用：take advantage of

获得：achieve

成功：succeed

少壮不努力，老大徒伤悲：
    If one does not work hard in youth, in old age he will sorrow in vain

爱惜：treasure; cherish

二、爸爸的老师

打交道：make contact with; work with

学问：knowledge

严肃：serious

要紧：important

新鲜：unusual

再三：again and again

临走：about to leave

反复：repeatedly

答应：agree; promise; answer

鞠躬：bow (v)

猜中：guess right

稀奇：rare

称赞：commend; praise

骄傲：proud; arrogant

功劳：contribution

教导：teachings

曾经：once

三、等一会儿再说

清晨：early morning

乡下：country

镇上：town

市场：market

瓷器：porcelin; china

驮架：saddle-basket

收拾：fix; put away; organize

简直：almost; looks like

粉碎：broken to pieces (powder)

四、让我们荡起双桨

双桨：double oars

倒映：reflect in water or mirror

环绕：surround

夕阳：setting sun

功课：homework

尽情：to heart's content

凉爽：cool

五、愚公移山

面临：confront; face

决定：decide

赞成：agree

犹豫：doubtful

从此：from then on

嘲笑：tease

继续：continue

团结：unite; come together

不顾：ignore

感动：emotionally moved

神仙：god